Jürgen Moltmann

Menschenwürde Recht und Freiheit

Kreuz Verlag · Stuttgart, Berlin

CIP-Kurztitelaufnahme der Deutschen Bibliothek

Moltmann, Jürgen:
[Sammlung]
Menschenwürde, Recht und Freiheit / Jürgen Moltmann.
1. Aufl., (1.–8. Tsd.).
Stuttgart, Berlin: Kreuz-Verlag, 1979.
ISBN 3-7831-0574-9

1. Auflage (1.–8. Tausend)

Gestaltung: Hans Hug
Gesamtherstellung: Ebner, Ulm
ISBN 3 7831 0574 9

Jürgen Moltmann
Menschenwürde, Recht und Freiheit

6,80

»Die Würde des Menschen
ist unantastbar.
Sie zu achten und zu schützen
ist Verpflichtung
aller staatlichen Gewalt.«

Grundgesetz der Bundesrepublik Deutschland,
Artikel 1

Inhalt

Vorwort

Die Würde des Menschen ist *unantastbar*, sagt das Grundgesetz der Bundesrepublik Deutschland. Und dennoch werden Menschenrechte mißachtet. Und dennoch werden Menschen in ihrer Menschenwürde verletzt. Und dennoch müssen Menschen in menschenunwürdigen Umständen leben. Das geschieht um uns herum. Das geschieht an uns selbst. Das geschieht auch durch uns selbst. Um so wichtiger ist es, sich immer wieder an den Grundgedanken der Humanität und des christlichen Glaubens zu erinnern: Unantastbar und heilig ist der Mensch in seiner Würde vor Gott und der Welt. Der Mensch ist dazu bestimmt, mit erhobenem Haupt und aufrechtem Gang zu leben.

Man wird sich diese menschliche Würde jedoch nur in Erinnerung rufen, wenn man *Hoffnung* auf den Menschen und seine Menschlichkeit hat und sich um dieser unauslöschlichen Hoffnung willen nicht mit des Menschen Grausamkeit, seiner Gleichgültigkeit, seiner infamen Unmenschlichkeit abfinden kann. Wer trotz Auschwitz und den terroristischen Mörderbanden zum Trotz des Menschen Würde zu achten und zu schützen bereit ist, muß eine starke Hoffnung für den Menschen haben. Nur zu leicht verzweifeln wir am Menschen und verzweifeln damit im Grunde an uns selbst. Dann werden wir zynisch gegenüber der unmenschlichen Brutalität, die wir bei anderen sehen, und werden selbst brutal in der Verteidigung des eigenen Besitzes. Wenn die Hoffnung auf die Menschlichkeit des Menschen – auch im Feind – stirbt, werden Menschen hart im Nehmen und Geben. Und wenn sie hart werden, sind sie zutiefst entmutigt. Eine Welle der Entmutigung breitet sich in unserem Volk aus. Man hat zu viele Enttäuschungen mit anderen und noch mehr Enttäuschungen mit sich selbst erlebt. Durch den Verlust der ausgreifenden Hoffnung und durch diese Entmutigungen geraten wir in die Gefahr, unsere eigene Menschenwürde zu verraten und unsere Freiheit wegzuwerfen.

Das Grundgesetz sagt in Artikel 1, es sei die »Verpflichtung aller staatlichen Gewalt«, die Würde des Menschen »zu achten und zu schützen«. Wie aber können die Bürger und Bürgerinnen dieses Gemeinwesens von der *staatlichen Gewalt* den Schutz ihrer Menschenwürde erwarten, wenn sie nicht selbst bereit sind, diese Würde bei sich und bei anderen zu achten und zu schützen und, wenn es nötig ist, auch gegen die »staatliche Gewalt« und die Menschen, die sie ausüben, zu vertreten?! Wie anders kann die staatliche Gewalt an ihre eigene, erste »Verpflichtung« erinnert und gebunden werden, wenn nicht durch die Achtung und den Schutz der Würde des Menschen durch alle, die in dieser Gesellschaft Menschenantlitz tragen?!

Die Würde des Menschen ist unantastbar.

Sie zu achten und zu schützen ist zuerst die Verpflichtung aller und jedes Menschen und dann auch der staatlichen Gewalt!

»Alle Menschen werden frei und gleich an Würde und Rechten geboren«, sagt Artikel 1 der ALLGEMEINEN ERKLÄRUNG DER MENSCHENRECHTE von 1948. *Alle Menschen* – also nicht nur die Männer, sondern auch die Frauen. Alle Menschen – also nicht nur die Erwachsenen, sondern auch die Kinder und die Alten. Alle Menschen – also nicht nur die Gesunden, sondern auch die Behinderten. Alle Menschen – also nicht nur die Deutschen, sondern auch die Gastarbeiter. Alle Menschen – also auch die hungernden Kinder in Indien – also auch die entrechteten Schwarzen und Farbigen in Südafrika – also auch die ausgebeuteten Massen in den Slums lateinamerikanischer Städte. So muß man fortfahren, nicht um von Humanität zu träumen, sondern weil Menschenwürde nicht nur unantastbar, sondern auch *unteilbar* ist.

Wenn nicht alle Menschen frei werden, sind auch die jetzt Freien nicht wahrhaftig frei. Denn Freiheit ist sowenig ein Privileg, das man anderen vorenthalten könnte, wie die menschliche Würde. Wer Freiheit für sich in Anspruch nimmt, muß sie auch für andere wollen. Er kann nicht auf Kosten anderer, sondern nur zugunsten anderer seine Freiheit bewahren. Er würde anders seine eigene Freiheit zerstören. Darum gibt es keinen anderen Schutz der eigenen Freiheit als die konsequente *Befreiung* der Unterdrückten. Darum gibt es keinen anderen Schutz der eigenen Menschenwürde als die konsequente *Achtung* der Würde anderer Menschen.

Diese Wahrheit ist leicht einzusehen, aber schwer zu praktizieren. Denn im Ernstfall bestimmt leider weniger die Hoffnung als vielmehr die *Angst* das eigene Handeln. Wird aber das Handeln durch Angst bestimmt, dann beginnen wir unsere eigene Würde zu mißachten und unsere eigene Freiheit zu zerstören. Dann wollen wir unsere Freiheit gegen die Ansprüche und Angriffe anderer Menschen *schützen* und zerstören sie durch unsere Schutzmaßnahmen selbst. Dann verwenden wir staatliche Gewalt, um unsere Privilegien und unseren Besitz unantastbar zu machen, und verleugnen damit die allererste humane Verpflichtung aller staatlichen Gewalt, nämlich die Würde des *Menschen*, und nicht nur die eigenen Staatsbürger, zu achten und zu schützen. Die Würde des Menschen ist unteilbar. Es ist infolgedessen die Verpflichtung aller staatlichen Gewalt, also auch der Bundesrepublik Deutschland, die Würde des Menschen – wo immer er lebt – zu achten und zu schützen.

Artikel 1 des Grundgesetzes gibt der staatlichen Gewalt nicht nur den innenpolitischen Auftrag, die Würde der Deutschen zu achten und zu schützen, sondern offensichtlich auch einen außenpolitischen Auftrag, die Würde aller und jedes Menschen, insbesondere der erniedrigten und unterdrückten Menschen, zu achten und zu schützen. Wie aber können wir dies von der »staatlichen Gewalt« erwarten, wenn wir nicht zuerst *selbst* bereit sind, alles, was in unseren Kräften steht, zu tun, um die Würde der Menschen zu schützen, die am meisten in den Dreck getreten werden, das heißt für die hungernden und unterdrückten Völker der Dritten Welt einzutreten?! Man kann von der staatlichen Gewalt nur verlangen, was man im eigenen Lebensbereich selbst zu tun bereit ist.

Alle Menschen werden frei und gleich an Würde und Rechten geboren: wir und auch diejenigen, auf deren Kosten wir leben.

Es folgt daraus, daß wir unsere eigene Würde nur dann wahrhaft achten, wenn wir beginnen, alles zu tun, um die Würde der erniedrigten und beleidigten Menschen zu schützen. Das ist Menschenpflicht.

In den vorliegenden Vorträgen habe ich versucht, mir selbst und meinen Zuhörern Rechenschaft über die Hoffnung auf die Menschlichkeit des Menschen zu geben und Klarheit über den notwendigen Einsatz dafür zu verschaffen. Die Erfahrungsbereiche und Praxisfelder, die behandelt werden – Menschenrechte, Erziehung und Schule, Befreiung der Unterdrücker und Freiheit in Herrschaft und Gemeinschaft –, sind exemplarisch gemeint. Die Grundgedanken können leicht auf andere Lebensbereiche übertragen werden. Um das eigene Engagement, das damit verbunden ist, zum Ausdruck zu bringen, wurde der Vortragsstil beibehalten. Der Kreuz Verlag, der mich zur Veröffentlichung aufforderte, hat für die Erweiterung des Forums gesorgt, in dem diese Gedanken nun diskutiert werden können.

Tübingen, 26. September 1978 Jürgen Moltmann

Christlicher Glaube und Menschenrechte

I. Menschenwürde und Menschenrechte

Die Menschenrechte sind heute umstritten. Aber der Streit um die Anerkennung der Menschenrechte und ihre konsequente Verwirklichung lohnt sich. Denn wie anders kann der Mensch »menschlicher« werden als durch die Achtung seiner menschlichen Würde und die Ausübung seiner Menschenrechte! Wie anders können wir eine Gesellschaft aufbauen, die den Namen »menschlich« verdient, als durch den Kampf um die Rechte aller und jedes Menschen!

Ein Mensch, dessen Menschenwürde mißachtet wird, wird in seiner Existenz zerstört. Eine Gesellschaft, die fundamentale Menschenrechte nicht als Grundrechte aller ihrer Bürger anerkennt, ist eine unmenschliche und darum unerträgliche Gesellschaft. Eine Politik, die nicht nach den Maßstäben der fundamentalen Menschenrechte ausgerichtet wird, ist eine unmoralische und oft sogar mörderische Politik.

Wer heute menschliches Antlitz trägt und den Anspruch darauf erhebt, ein Mensch zu sein, muß für die Menschenrechte kämpfen. Wer heute in Gefängnissen gefoltert wird, wer heute unterdrückt und ausgebeutet wird, der schreit nach seinem Recht, nach seiner Freiheit, nach seiner Würde als Mensch. Am Ausgang der heutigen Konflikte um die volle Erkenntnis und Anwendung der Menschenrechte wird es sich entscheiden, ob aus dieser gespaltenen Welt eine menschliche Weltgemeinschaft entsteht oder nicht und wie menschlich sie sein wird. Im Streit um die Menschenrechte wird heute über nichts Geringeres als über unsere Zukunft und die Zukunft unserer Kinder entschieden.

Was aber sind »Menschenrechte«, und wer hat das Recht, von ihnen zu reden?

Als der neue Präsident der Vereinigten Staaten, *Jimmy Carter*, im November 1976 in sein Amt kam, entfachte er eine weltweite Kampagne für die Menschenrechte. Er verunsicherte damit einige deutsche »Realpolitiker«. Die amerikanische Außenpolitik wurde an die Menschenrechte gebunden. Die Menschenrechtsbewegung in der UdSSR und in den sozialistischen Staaten Osteuropas erhielt durch Carters Brief an den russischen Regimekritiker *Sacharow* seine persönliche Unterstützung.

Doch welche Menschenrechte sind hier gemeint? Sind die »Menschenrechte« nur die Grundlage der politischen Demokratie und unseres »freiheitlichen Rechtsstaates«? Sind sie allein die Ideologie der westlichen Welt? In der Tat, wer unter den Menschenrechten nur die individuellen Freiheitsrechte der Person gegenüber den Ansprüchen von Staat und Gesellschaft versteht, der muß sie für eine Errungenschaft der westlichen Welt halten. Er muß meinen, daß es im Sozialismus überhaupt keine Menschenrechte gäbe, und muß darum glauben, daß der Sozialismus im Prinzip unmenschlich sei. Doch es irrt derjenige, der nur die individuellen Freiheitsrechte der Person für Menschenrechte hält. Leider haben eine Zeitlang auch Sozialisten nur diese engstirnige Auffassung der Menschenrechte vor Augen gehabt. Sie haben dann die Menschenrechte als die Ideologie der kapitalistischen

Welt verworfen und kein Interesse an ihrem tieferen Verständnis und an ihrer politischen Durchsetzung gezeigt. Das ist nur zu bedauern, denn wenn Sozialisten so über die Menschenrechte denken, vergessen sie offenbar ihr eigenes Lied, die »Internationale«, in der es bekanntlich heißt:

»Völker, hört die Signale, auf zum letzten Gefecht!
Die Internationale erkämpft das Menschenrecht!«

Der internationale Sozialismus war ursprünglich ein Kampf für die Anerkennung des Menschenrechts des Proletariats, der unterdrückten Völker und der Frauen. Er ist aus der Enttäuschung entstanden, daß die bürgerlichen Menschen- und Freiheitsrechte das Proletariat nicht vor Entrechtung und Entmenschlichung zu schützen vermochten.

Aber für welches Menschenrecht kämpft der Sozialismus?

Weil die Freiheit der Person ohne ökonomische Gleichheit und ohne politische Gerechtigkeit in der Gesellschaft immer wieder zum Mißbrauch dieser Freiheit durch den Stärkeren gegen den Schwächeren führt, darum kämpft der Sozialismus für die Anerkennung und die Verwirklichung der sozialen Menschenrechte. Dazu gehört das Recht auf Arbeit, auf soziale Sicherheit und Bildung. Die Einsicht in diese soziale Seite der Menschenrechte ist in der westlichen Welt leider nicht sehr weit verbreitet. Sie ist jedoch evident: Denn wem nützen die persönlichen Freiheitsrechte, wenn er keine gesicherten sozialen und ökonomischen Möglichkeiten hat, sie auch zu gebrauchen?

Wenn wir heute von »Menschenrechten« sprechen, dann haben wir es mit drei Gruppen von Grundrechten zu tun, die für das Menschsein des Menschen wesentlich sind:

1. *Die individuellen Menschenrechte*, aus denen die westlichen Demokratien hervorgegangen sind, finden wir heute international formuliert in der ALLGEMEINEN ERKLÄRUNG DER MENSCHENRECHTE durch die VEREINTEN NATIONEN von 1948. Sie wurde aus den Leiden unter der Diktatur und dem Kampf gegen sie geboren. Hier kann man nachlesen, welche persönlichen Freiheitsrechte gegen Übergriffe des Staates zu schützen sind. Hier sind auch die Rechte auf Gewissens- und Religionsfreiheit, auf Rede- und Pressefreiheit formuliert. Die völkerrechtliche Verbindlichkeit dieser Erklärung ist jedoch leider gering. Es heißt in der PRÄAMBEL nur, die Menschenrechte seien ein »von allen Völkern und Nationen zu erreichendes gemeinsames Ideal«.

2. *Die sozialen Menschenrechte* sind dagegen auf Vorschlag der sozialistischen Staaten und der Völker der »Dritten Welt« erst 1966 in den INTERNATIONALEN VEREINBARUNGEN ÜBER ÖKONOMISCHE, SOZIALE UND KULTURELLE RECHTE formuliert worden. Sie sind geboren aus dem Leiden unter Kolonialismus und dem Kampf gegen Wirtschaftsimperialismus. Leider sind diese VEREINBARUNGEN noch nicht von allen westlichen Nationen anerkannt worden. Für die Anerkennung dieser ökonomischen und sozialen Grundrechte des Menschen zu arbeiten ist darum eine besondere Aufgabe der Menschenrechtsbewegung in der westlichen Welt. Immerhin sind sie nach ihrer Ratifizierung durch 35 Staaten 1974 in Kraft getreten.

3. Aus den hungernden Völkern der »Dritten Welt« wird heute ein fundamentales Menschenrecht eingeklagt, das im Westen wie im Osten oft übersehen wird, weil es als zu selbstverständlich vorausgesetzt wird: Es ist das *Recht auf Leben*, auf

Überleben: das Existenzrecht. Ohne die Erfüllung dieses Rechtes für alle und jeden Menschen wird in der Tat der Streit um die Priorität der individuellen oder der sozialen Rechte überflüssig.

Nach dem gegenwärtigen Stand der Erkenntnis haben wir es also mit drei Gruppen von Rechten zu tun, die »Menschenrecht« genannt werden müssen, weil der Mensch ohne sie seine Menschlichkeit nicht entfalten kann: 1. die Freiheitsrechte der Person, 2. die sozialen Rechte der Gemeinschaft, 3. das Existenzrecht.

An dieser Stelle muß ein juristischer Einwand gegen den Ausdruck »Menschenrechte« genannt und beantwortet werden. Der Ausdruck Menschen*rechte*, so hört man es oft, weite den Rechtsbegriff aus und löse ihn auf. Denn als Recht könne nur das gelten, was auf gesetzliche Weise dazu gemacht werde und also durchsetzbar und einklagbar sei. Ist das die richtige Definition des Rechts, dann sind mit »Menschenrechten« allenfalls im übertragenen Sinne moralische Grundsätze gemeint, nicht aber im strikten Sinne Rechte.

Dazu ist zu sagen, daß »Menschenrechte« zuerst juristisch faßbar in den nationalen Staatsverfassungen von Virginia 1776, den USA und Frankreich auftreten. Es sind also keineswegs bloße »moralische Grundsätze«, sondern Teile des Verfassungsrechts und später, in den internationnalen Verträgen, des Völkerrechts. Ferner führt dic positivistische Verengung des Rechtsbegriffs auf das geltende Recht leicht zu einer sprachlichen Verarmung. Vom Recht ist in diesem Zusammenhang auf wenigstens drei Ebenen zu reden: 1. das geltende Recht in Gesetzen, 2. die Grundrechte der Verfassung, 3. die Menschenrechte in internationalen Vereinbarungen und Erklärungen.

Die wichtigste Frage in diesem Zusammenhang

ist heute die Frage nach dem gemeinsamen Band für die vielfältigen Menschenrechte. Die schlichte Addition aller wünschbaren Rechte hilft nicht, weil sie die einfache Subtraktion nicht verhindern kann. Gibt es eine gemeinsame Wurzel der Menschenrechte?

An dieser Stelle, denke ich, muß spätestens der christliche Glaube öffentlich zu reden beginnen, um sein Verständnis von des Menschen Würde und seinen Rechten zu verantworten. Er kann nicht erwarten, daß alle Menschen seinem Menschenbild zustimmen. Es gibt hier keinen christlichen Absolutismus. Es können jedoch alle Menschen erwarten, daß die Christen sagen und zeigen, was sie zur Menschwerdung des Menschen und zur Humanisierung der Welt beizutragen haben. Es gibt hier keine christliche Selbstverleugnung.

Ich gehe von zwei Gedanken und einer Maxime aus:

1. Die vielfältigen Menschenrechte gründen alle in der einen Würde des Menschen. Menschenrechte gibt es im Plural, Menschenwürde aber nur im Singular. Darum ist die Würde des Menschen die Wurzel aller Menschenrechte. Worin aber liegt des Menschen Würde? Was ist es, das den Menschen zum Menschen macht? Für Juden und Christen ist es die Bestimmung des Menschen zum »Ebenbild Gottes« auf Erden.
2. Weil des Menschen Würde eine und unteilbar ist, darum stellen die Menschenrechte eine Ganzheit dar. Man darf sie weder scheiden noch beschneiden, noch verschieden bewerten. Nur durch Ausgleich zwischen ihnen wird des Menschen Würde respektiert.
3. Im ethischen Sinn gehören zu Rechten auch Pflichten. Gibt es Menschenrechte, ohne deren Inanspruchnahme der Mensch nicht leben kann, dann

gibt es auch Menschenpflichten, ohne deren Erfüllung der Mensch nicht menschlich lebt. Rechte ohne Pflichten verkommen zu Privilegien. Pflichten ohne Rechte bleiben leere Forderungen. In ethischer Hinsicht sind die Rechte und Pflichten des Menschen deshalb in ein ausgewogenes Verhältnis zu setzen.

II. Welche Menschenrechte ergeben sich aus der Gottebenbildlichkeit des Menschen?

Für den christlichen Glauben liegt die Würde des Menschen darin, daß er Gott, seinen Schöpfer und Erlöser, den Grund seines Daseins, suchen soll, um ihm zu entsprechen. Mit dem Symbol der Gottebenbildlichkeit ist der »gottsuchende Mensch« und der »gottentsprechende Mensch« *(K. Barth)* gemeint. Denn der gottsuchende Mensch ist der Anfang, und der gottentsprechende Mensch ist das Ziel der Geschichte Gottes mit der Welt. Die Schöpfung, die Befreiung in der Geschichte und endlich die Erlösung von der Geschichte dienen alle diesem einen Ziel, daß der Mensch in die Entsprechung zu Gott komme, denn diese Entsprechung ist die Wahrheit des Menschen. In der Entsprechung zu Gott kommt der Mensch zu seinem Frieden. In ihr kommt Gott zu seinem Recht.

Wir wollen nun vier Dimensionen entfalten, in denen nach der biblischen »Geschichte der Hoffnung« Menschen Gott entsprechen sollen und auch können.

1. Ebenbild Gottes ist nach dem Schöpfungsbericht der ganze Mensch in allen seinen Lebensverhältnissen.

Der Mensch ist als ganzer dazu bestimmt, »vor dem Angesicht Gottes zu leben«, Gott zu antworten, sich vor ihm zu verantworten und ihm so zu entsprechen. Man darf die Gottebenbildlichkeit nicht auf die Seele oder das Herz des Menschen beschränken. Soll er ganz und überall zu seiner Wahrheit kommen, dann muß er auch ganz und überall Gott entsprechen können. Das aber heißt, der Mensch ist ganz und gar und überall Person. Ist der Mensch Person für Gott, dann ist er mehr als ein Produkt seiner sozialen Verhältnisse. Er ist auch etwas anderes als ein gedachtes oder eingebildetes Subjekt. Die Gegenwart Gottes macht den Menschen unabtretbar zur Person. Am Du Gottes wird er ein Ich von grenzenloser Tiefe. Am Ich Gottes wird er ein Du von unbegrenzter Weite. Der Mensch ist darum ein Geheimnis, das durch nichts und niemanden aufgelöst werden kann. Der Glaube an Gott verlangt, jeden und alle Menschen als ein Sakrament zu respektieren, das nicht angetastet werden darf.

Die Institutionen des Rechtes, der Wirtschaft und des Staates haben diese Würde des Menschen als Person, als Geheimnis, als Sakrament zu respektieren, wenn sie den Anspruch erheben, »menschliche« Einrichtungen zu sein. Sie würden sich selbst zerstören und ihre Legitimation verlieren, wenn sie Menschen wie Dinge oder Waren als Arbeitskräfte oder Untertanen behandeln würden.

Damit sind wir bei der ersten kritischen Konsequenz des Glaubens, die sich in der politischen Geschichte des Christentums gezeigt hat. In den Herrschaftsmythen vieler Völker wird allein der König als Gottes Ebenbild auf Erden angesehen und verehrt. »Der Schatten Gottes ist der Fürst, und der Schatten des Fürsten sind die Menschen«, heißt es im babylonischen Fürstenspiegel. In Ägypten, in Rom, in Asien, aber auch im europäischen Absolutismus wurde der Kult der Macht ähnlich begründet. Nach dem Schöpfungsbericht der Bibel ist aber nicht ein König, sondern »der Mensch«, alle und jeder, Gottes Ebenbild auf Erden. Was bedeutet das für die Legitimation von Herrschaft? Um es einfacher zu sagen: Dann sind entweder alle Menschen Könige oder keiner ist König! Darum sagt schon der mittelalterliche Sachsenspiegel, Landrecht, Buch 3, Art. 42, § 1–3:

»Gott hat den Menschen nach sich selbst geschaffen,
gebildet und durch seine Marter erlöst,
den einen wie den anderen . . .
Nach meinen Sinnen vermag ich es nicht zu begreifen,
daß jemand des anderen (Eigentum) sein soll.«

In der politischen Geschichte der Neuzeit folgte aus dem Glauben an die Gottebenbildlichkeit jedes Menschen die prinzipielle Demokratisierung jeglicher Herrschaft von Menschen über Menschen. Das begann in der puritanischen Revolution in England und pflanzte sich dann fort in der Amerikanischen Revolution und der Französischen Revolution. Wie geschah das? Die Kontrolle politischer Machtausübung durch die Trennung der Gewalten, die zeitliche Befristung der Regierung durch Wahlen, die weitgehende Selbstverwaltung der Kommunen und die direkte Mitbestimmung des Volkes in Lebensfragen der Nation sind die historisch entwickelten Mittel, um die Person, die Würde und das Geheimnis des Menschen im politischen Bereich zu achten.

Die westeuropäische Christenheit hat darum aus dem Menschenrecht auf das Personsein das Widerstandsrecht und die Widerstandspflicht gegen Tyrannen gefolgert, und zwar zuerst durch die politisch Beauftragten, dann aber auch durch das Volk. »Widerstand gegen die Tyrannen ist Gehorsam gegenüber Gott«, hieß es. Diese Formulierung des Widerstandsrechts finden wir sowohl in den römisch-katholischen wie in den evangelisch-reformierten Traditionen. Recht und Pflicht zum Widerstand gegen Tyrannis sind in Wahrheit Grundlage jeglicher Demokratie. Nur wo Menschen im Ernstfall zum Widerstand bereit sind, gibt es wirkliche Demokratie. Der Widerstand ist Menschenrecht und Christenpflicht. Er ist Nächstenliebe im Notfall.

Darum erklärte das Schottische Bekenntnis von 1560 das Gebot der Nächstenliebe dahin, »das Leben der Unschuldigen zu schützen, der Tyrannei zu widerstehen, die Unterdrückten zu befreien«.

Darum erklärte der norwegische Bischof *Eivind Berggrav* 1952 in Hannover, Lutherischer Weltbund: »Wenn die Obrigkeit mit grober Willkür tyrannisch wird, dann gibt es dämonische Zustände und infolgedessen ein Regiment, welches nicht unter Gott steht. Gehorsam einer teuflischen Macht gegenüber wäre aber nichts anderes als Sünde . . . Unter solchen Umständen besteht prinzipiell das Recht zum Aufruhr in der einen oder anderen Form.«

In welchen Fällen ist heute der Widerstand Menschenrecht und Christenpflicht? Ich denke, in drei Fällen: 1. Wenn eine Regierung permanent ihre eigenen Gesetze bricht, 2. wenn eine Regierung Gesetze erläßt, die im klaren Widerspruch gegen das eigene Grundgesetz und die Verfassung stehen, 3. wenn eine Regierung eine Verfassung beschließt oder dahin ändert, daß den Bürgern, bestimmten Rassen oder Klassen fundamentale Menschenrechte vorenthalten werden – dann ist der Widerstand geboten, und zwar mit allen Mitteln, sofern sie im Einklang mit den Menschenrechten stehen. Denn nicht der Zweck heiligt die Mittel. Es ist umgekehrt: Die Mittel heiligen oder widerlegen den Zweck. Widerstand beginnt im Kleinen und Alltäglichen. Wer bis zum »20. Juli« wartet, kommt zu spät. »Widersteht den Anfängen!«

2. Ebenbild Gottes ist der Mensch nur zusammen mit anderen Menschen.

»Gott schuf den Menschen ihm zum Bilde, männlich und weiblich schuf er sie«, heißt es in der Schöpfungsgeschichte. Der gottentsprechende Mensch ist also der soziale Mensch, nicht jeder einzelne für sich. Diese Erkenntnis hat sich in der politischen Geschichte des westkirchlichen Christentums noch nicht sehr weit durchgesetzt. Es war eine Einseitigkeit der europäisch-amerikanischen Freiheitsgeschichte, allein die Rechte der Person zu schützen und die Rechte der Gemeinschaft zu vernachlässigen. Man muß es als Schwäche des Liberalismus bezeichnen, die soziale Seite der Freiheit der Person, die Freundschaft und Solidarität heißt, übersehen zu haben. Freiheit ohne Gleichheit ist noch kein Menschenrecht! Aber Gleichheit ohne Brüderlichkeit und Schwesterlichkeit führt auch nicht zur Menschlichkeit.

Nach der biblischen Hoffnungsgeschichte sollen und können Menschen nur zusammen, nämlich in und durch ihre Gemeinschaft miteinander Gott entsprechen. Der dreieinige Gott ist selbst das Urbild der Sozialität. Infolgedessen sind die sozialen Rechte ebenso unabtretbar wie die individuellen

Rechte des Menschen. Der Glaube an Gott verlangt, die Gemeinschaft, in der Menschen füreinander da sind, als Geheimnis zu respektieren und als ein Sakrament zu achten, das nicht angetastet werden darf. Menschen haben die Gemeinschaft, ihre Rechte und Einrichtungen zu achten, wenn sie den Anspruch darauf erheben, »Menschen« zu sein. Der »Kampf aller gegen alle« um Macht, Genuß und Besitz ist eine Schande für die gottentsprechende Gemeinschaft der Menschen. In Wahrheit können ja die Rechte der Person nur in einer gerechten Gemeinschaft verwirklicht werden, wie umgekehrt eine gerechte Gesellschaft nur auf Grund der Freiheitsrechte der Personen aufgebaut werden kann. Hier liegen die Probleme im geteilten Europa. Wie können individuelle und soziale Menschenrechte ausgeglichen werden? Ich nenne ein Beispiel:

»Im Prinzip« sollte Einigkeit erzielt werden können, daß ein Grundrecht auf freie Berufswahl sinnlos wird, wenn es kein Grundrecht auf Arbeit gibt wie zum Beispiel in der Bundesrepublik. »Im Prinzip« sollte auch Einigkeit erzielt werden können, daß ein Recht auf Arbeit, die nicht entfremdet, sinnlos ist, wenn es keine freie Berufswahl gibt, wie zum Beispiel in der DDR. Aber »im Prinzip« ist eben leider nicht »in Wirklichkeit«. In Situationen, in denen aus historischen Gründen Einseitigkeiten und Verdrängungen entstanden sind, muß man auf Ausgleich bedacht sein. Wer der Würde des Menschen und den Menschenrechten dienen will, wird darum in sozialistischen Ländern für individuelle Menschenrechte und in demokratischen Ländern für die sozialen Menschenrechte eintreten müssen. In den sozialistischen Ländern Europas müssen Menschen das Recht gewinnen und die Pflicht in Anspruch nehmen, »sich ihres eigenen

Verstandes selbst zu bedienen«, ohne ihn der Zensur und dem Staatssicherheitsdienst zu unterwerfen. In demokratischen Ländern müssen Menschen ökonomische Gleichheit und soziale Sicherheit gewinnen, wenn sie sich ihrer persönlichen Freiheitsrechte überhaupt sollen erfreuen können.

3. Ebenbildlichkeit Gottes begründet das Recht des Menschen auf die Herrschaft über die Erde und die Gemeinschaft mit der nichtmenschlichen Schöpfung.

Gen. 1, 28ff. schließt an die Schöpfung des Menschen zum Ebenbild Gottes den Segen Gottes und die menschliche Bestimmung zur Fruchtbarkeit und zur Herrschaft über die nichtmenschliche Schöpfung an (vgl. auch Gen. 9, 1–7). Die menschliche Herrschaft über die Erde soll dem Willen und Gebot des Schöpfers entsprechen, der seine Schöpfung liebt. Der Mensch soll die Erde »bebauen und bewahren« (Gen. 2, 15) und sich an ihr freuen. Nur wenn die Herrschaft des Menschen über die Erde der Weltherrschaft des Schöpfers entspricht, erfüllt der Mensch seine Gottebenbildlichkeit. Raub, Ausbeutung und Naturzerstörung widersprechen seinem Recht und seiner Würde. Darum gehört zur Herrschaft des Menschen über die Erde auch seine Gemeinschaft mit der Erde. Herrschaft ist nur dann legitimiert, wenn sie in Kooperation und Gemeinschaft mit der Umwelt ausgeübt wird und zu lebensfähigen Symbiosen zwischen menschlicher Gesellschaft und natürlicher Umwelt führt. Das Recht des Menschen auf Herrschaft über die nicht menschliche Schöpfung muß daher durch die Respektierung der »Rechte« der nichtmenschlichen Schöpfung ausgeglichen werden.

a) Ist das Recht auf die Erde dem Menschen gegeben, so folgt daraus, daß jeder Mensch und alle Menschen *ökonomische Grundrechte* auf einen gerechten Anteil an Leben, Nahrung, Arbeit, Schutz und persönlichem Eigentum haben. Die Konzentration der Lebensmittel und der Produktionsmittel in den Händen weniger muß als Verzerrung und Perversion der Gottebenbildlichkeit des Menschen angesehen werden. Sie ist des Menschen unwürdig und widerspricht dem Recht Gottes auf den Menschen. Die weitverbreitete Vorenthaltung der ökonomischen Grundrechte, die Verelendung ganzer Völker und Bevölkerungsgruppen, der weltweite Hungertod auf Grund des politischen und ökonomischen Imperialismus in unserer geteilten und zerrissenen Welt sind eine Schändung der Gottebenbildlichkeit des Menschen und des Rechtes Gottes auf jeden und alle Menschen. Ohne die Verwirklichung der fundamentalen ökonomischen Grundrechte des Menschen auf Leben, Nahrung, Arbeit und Schutz können weder die individuellen noch die sozialen Menschenrechte verwirklicht werden.

b) Ist mit dem Recht des Menschen auf die Erde auch das »Recht« der Erde auf den Menschen gesetzt, dann sind mit diesen ökonomischen Grundrechten auch *ökologische Grundpflichten* verbunden. Der Bestand an ökonomischen Grundrechten kann nicht, den gesteigerten Ansprüchen folgend, beliebig vermehrt werden, weil dem ökonomischen Wachstum ökologische Grenzen gesetzt sind. Der menschliche Kampf um das Überleben kann nicht auf Kosten der Natur ausgetragen werden, weil anders der »ökologische Tod« jedem menschlichen

Leben überhaupt ein Ende bereiten wird. Die ökonomischen Menschenrechte sind darum in Übereinstimmung zu bringen mit den kosmischen Grundbedingungen des Überlebens der Menschheit in ihrer natürlichen Umwelt. Sie können nicht länger durch unkontrolliertes ökonomisches Wachstum realisiert werden, sondern nur durch das Wachstum ökonomischer Gerechtigkeit innerhalb der »Grenzen des Wachstums«. Ökonomische Gerechtigkeit in der Verfügung und Verteilung der Lebensmittel, der natürlichen Ressourcen und der industriellen Produktionsmittel wird auf das Überleben und das Zusammenleben der Menschen und Völker auszurichten sein. Erst damit wird es zur ökologischen Stabilität im Überleben und Zusammenleben mit der nichtmenschlichen Schöpfung kommen. Ökonomische und ökologische Gerechtigkeit bedingen sich heute gegenseitig und können daher nur gemeinsam verwirklicht werden.

4. Ebenbildlichkeit Gottes begründet das Recht des Menschen auf seine Zukunft und seine Verantwortung für seine Nachkommen.

Der Mensch in seinen Lebensbezügen, der Mensch mit den anderen Menschen, der Mensch in Gemeinschaft mit der nichtmenschlichen Schöpfung hat als Ebenbild Gottes ein Recht auf Selbstbestimmung und auf seine Zukunft. Seine wahre Zukunft liegt in der Vollendung seiner Entsprechung zu Gott. In seiner Geschichte, die noch nicht das Reich der Wahrheit ist, entspricht der Mensch dieser seiner Würde durch seine Offenheit für diese Zukunft und durch seine Verantwortung der Gegenwart vor dieser Zukunft. Kraft der »Bürgerschaft im Reich Gottes«, derer er gewürdigt wird, hat der Mensch ein Recht auf diese seine wahre Zukunft und entsprechende Pflichten in der Gestaltung des gegenwärtigen Lebens. Sein Recht auf diese Zukunft und seine Verantwortung der Gegenwart kann der Mensch nur wahrnehmen, wenn er ihnen entsprechend für das Lebensrecht seiner Nachkommen eintritt. Er wird sich also nicht nur um Gerechtigkeit in der Welt seiner eigenen Generation bemühen, sondern auch um die Wahrung der Gerechtigkeit in der zeitlichen Folge der Generationen. Es gibt nicht nur einen persönlichen und einen kollektiven, sondern auch einen Egoismus der gegenwärtigen Generation, der sagt: »Nach uns die Sintflut.« Der Mensch darf darum seine Gegenwart nicht auf Kosten der Zukunft ausbeuten, wie er auch nicht verpflichtet ist, seine Gegenwart der Zukunft zu opfern. Er wird sich vielmehr um einen gerechten Ausgleich der Lebens- und Freiheitschancen der gegenwärtigen und der zukünftigen Generationen bemühen. In einer Zeit der Überbevölkerung und der »Grenzen des Wachstums« gewinnt diese zeitliche Perspektive der Menschenrechte besondere Bedeutung.

III. Rechtfertigung und Menschwerdung des Menschen

Die Menschenrechte sind so weit wirksam, wie der Mensch wahrhaft Mensch ist und bereit ist, menschlich zu handeln. An den Verletzungen und am Mißbrauch der Menschenrechte wird heute die Unmenschlichkeit des Menschen offenbar. Hinter der praktischen Frage, wie die Menschenrechte auf der Erde verwirklicht werden können, steht darum die tiefere Frage, wo der Mensch seine wahre Menschlichkeit erfahren und wie er seine tatsächliche Unmenschlichkeit überwinden kann. Das ist die Frage nach der Menschwerdung des Menschen.

Seit der ALLGEMEINEN ERKLÄRUNG DER MENSCHENRECHTE von 1948 werden die politischen Verletzungen der Menschenrechte in das Bewußtsein der Weltöffentlichkeit gebracht. Es ist dadurch bekannt geworden, wie sehr und wie allgemein die fundamentalen Rechte von Menschen durch Machtpolitik und ungerechte Herrschaft, durch Haß und Brudermord täglich verletzt werden. Die wachsende Anwendung der Folter in Diktaturen ist ein erschreckendes Zeichen dafür, daß die bloße Erklärung der Menschenrechte und die öffentliche Zustimmung, die sie gefunden haben, noch keine neue Menschlichkeit unter den Völkern geschaffen hat. Zyniker sagen darum: Das einzig Allgemeine an der Allgemeinen Erklärung der Menschenrechte ist ihre allgemeine Mißachtung. Dennoch schärft die Erklärung der Menschenrechte das Gewissen der Menschen und entzieht der Unmenschlichkeit jede Legitimation.

Seit der Diskussion über die INTERNATIONAL COVENANTS 1966 ist ferner klar geworden, daß die Menschenrechte nicht nur verletzt, sondern auch mißbraucht werden. Sie werden mißbraucht, wenn sie zur ideologischen Rechtfertigung der eigenen Interessen gegen die Rechte anderer Menschen verwendet werden. Sie werden mißbraucht, wenn sie geteilt werden und ein Teil von ihnen für das Ganze der Menschenrechte ausgegeben wird. Dann entstehen der Egoismus der individuellen Rechte, die nationale Arroganz, der Imperialismus der Menschheit gegenüber der Natur und der Absolutismus der gegenwärtigen Generation gegenüber den zukünftigen. Der zunehmende ideologische Mißbrauch der Menschenrechte ist ein weiteres Zeichen dafür, daß Erklärungen und

Zustimmungen allein noch keine wahre Menschlichkeit unter den Menschen schaffen. Dennoch schärft die Einsicht in die unteilbare Ganzheit der Menschenrechte das Gewissen und die Verantwortung der Menschen füreinander.

Die christliche Theologie nennt die Unmenschlichkeit des Menschen, wie sie in den andauernden Verletzungen und im ständigen Mißbrauch der Menschenrechte offenbar wird, Sünde. Nach dem biblischen Zeugnis hat der Mensch selbst seine ursprüngliche Bestimmung, als Gottes Ebenbild auf der Erde zu leben, verfehlt und verfehlt sie noch heute, aber er wird diese Bestimmung nicht los. Er wollte »sein wie Gott« und verlor dadurch seine wahre Menschlichkeit (Gen. 3; Röm. 3). Feindschaft kennzeichnet darum das Verhältnis des Menschen zur Natur (Gen. 3), und mit dem Brudermord Kains beginnt die Geschichte des Menschen, der nicht »seines Bruders Hüter« sein will (Gen. 4): die Geschichte des Kampfes um die Macht. So verkehrt des Menschen Sünde seine wahren Beziehungen zu Gott – seinem Schöpfer, zum Mitmenschen – seinem Nächsten, und zur Natur – seiner Heimat. Gott wird ihm zum Richter, der Mitmensch zum Feind und die Natur zur Fremde. Angst und Aggression beherrschen heute die gespaltene und verfeindete Menschheit, die auf dem Wege ist, sich selbst und die Erde gänzlich zu zerstören. Die erklärten Menschenrechte können nur dann und nur so weit verwirklicht werden, wie es zur Rechtfertigung des ungerechten Menschen und zur Erneuerung seiner Menschlichkeit kommt.

Der christliche Glaube erkennt und verkündet, daß Gott durch Jesus Christus den ungerechten Menschen rechtfertigt und zu seiner wahren Menschlichkeit erneuert. Durch seine Menschwerdung bringt Gott dem Menschen, der »wie Gott sein will«, seine wahre Menschlichkeit, die er verlassen hat, zurück. Durch den Tod Christi nimmt Gott das Gericht über des Menschen Sünde auf sich und versöhnt den Menschen mit sich selbst (2. Kor. 5, 19). Durch die Auferweckung Christi von den Toten verwirklicht Gott sein Recht auf den Menschen, indem er ihn gerecht macht (Röm. 4, 25). Durch die Ausgießung seines Geistes auf alles Fleisch (Joel 3,1; Apg. 2) erneuert Gott sein Bild auf Erden, vereinigt die getrennte Menschheit und befreit seine Schöpfung von der Gewalt des Bösen. In seinem kommenden Reich wird Gott sein Recht verherrlichen, den Menschen zurechtbringen und die Schöpfung verklären.

Für die Christenheit wird in dieser Welt des Unrechts und der Unmenschlichkeit Gottes Recht auf den Menschen zuerst durch das Evangelium von Christus offenbar (Röm. 1, 16. 17). Weil durch dieses Evangelium allen Menschen das göttliche Recht der Gnade verkündet wird, wird mit ihm zugleich auch die gottgegebene Würde jedes und aller Menschen proklamiert. Wo aber diese Würde des Menschen offenbar wird, da werden auch die fundamentalen Menschenrechte in Kraft gesetzt. Ihre Verwirklichung wird möglich gemacht und ist deshalb eine unabweisbare Aufgabe.

Auf Grund des Evangeliums werden die Menschenrechte in einer feindlichen und unmenschlichen Welt aber zuerst durch den Dienst der Versöhnung verwirklicht (2. Kor. 5, 18ff.). Wie geschieht das? Es geschieht durch Glaube, Liebe und Hoffnung. Der Glaube unterscheidet die menschliche Person von der unmenschlichen Sünde. Die Liebe nimmt die Person an und vergibt die Sünde. Die Hoffnung erkennt die menschliche Zukunft der Person und beginnt das neue Leben. Durch Glaube, Liebe und Hoffnung wird dem Menschen seine verratene und verlorene Menschlichkeit zurückgegeben.

Durch den »Dienst der Versöhnung« werden also die Würde und das Recht des Menschen in dieser unmenschlichen Welt wiederhergestellt; und wo immer des Menschen Würde geachtet und des Menschen Recht hergestellt wird, da geschieht dieser Dienst der Versöhnung. Versöhnung ist nichts Geringeres als zurechtbringende Gerechtigkeit. Sie ist die Kraft der neuen Schöpfung in dieser verkehrten Welt. Um der Versöhnung willen kann man darum auch auf das eigene Recht verzichten. Für das Recht des Nächsten kann man bis zum Einsatz des eigenen Lebens leiden. Verzicht und Opfer im »Dienst der Versöhnung« der Welt mit Gott sind immer auch Verzicht und Opfer im Dienst an der wahren Menschlichkeit des Menschen.

Die Christenheit hat den göttlichen Auftrag, das Recht der Versöhnung in den weltweiten Kampf um Privilegien und Herrschaft hineinzubringen. Sie ist darin ein Zeuge der Zukunft Gottes und ein Anwalt der Hoffnung des Menschen. Denn mit dem Recht auf Versöhnung beginnt schon hier die Verwandlung der unkenntlich gewordenen Welt zu ihrer Kenntlichkeit als die Gott entsprechende menschliche Welt.

Es ist die Aufgabe der Christenheit, in den realen Weltkonflikten, in denen sie lebt, das rechtfertigende Evangelium zu verkünden, den befreienden Glauben zu leben, den Dienst der Versöhnung auszurichten, in ihren Gemeinden die versöhnte Menschheit in der Gemeinschaft aus Männern und Frauen, aus Juden und Heiden, aus Griechen und Barbaren, aus Freien und Sklaven darzustellen (Gal. 3, 28) und in der Verherrlichung Gottes den Samen der Hoffnung zu säen. Diese Rechtfertigung des ungerechten Menschen ist die Aufrichtung seines wahren Menschenrechts, nicht mehr und nicht weniger: Der Ungerechte wird wieder ins Recht gesetzt und zurechtgebracht.

Die Menschenrechte sind für den christlichen Glauben nichts Zweitrangiges. Gerade wenn die Christenheit diese ihre spezifisch christliche Aufgabe erfüllt, dient sie der Verwirklichung der Menschlichkeit aller Menschen. Indem sie Gottes rechtfertigende Gerechtigkeit verkündet, verkündet sie die Würde des Menschen. Indem sie das Recht der Gnade praktiziert, praktiziert sie fundamentales Menschenrecht. Indem sie den dreieinigen Gott verherrlicht, richtet sie des Menschen Hoffnung auf.

Der christliche Glaube dispensiert nicht vom Kampf um die Anerkennung und Verwirklichung der Menschenrechte, sondern führt in diesen Kampf hinein. Die Gemeinschaft, die Jesus als »Menschensohn« bekennt, beginnt an der anhaltenden Unmenschlichkeit und Entmenschlichung des Menschen zu leiden und macht dieses Leiden in ihren Gebeten zum bewußten Schmerz, den man nicht mehr ertragen kann.

Was kann in diesem Zusammenhang von der Christenheit, den Kirchen, Gemeinden und ökumenischen Organisationen erwartet werden?

1. Daß sie im Streit um die politischen Prioritäten die unantastbare Würde des Menschen und deshalb auch die unteilbare Einheit seiner menschlichen Rechte und Pflichten vertreten und jeder Demontage eines Menschen widerstehen.

2. Daß sie in den verschiedenen Situationen der Menschen und Völker auf die Wiederherstellung eben der Menschenrechte drängen, die durch einseitige Fortschritte und gesetzte Prioritäten vernachlässigt, geschwächt oder unterdrückt worden sind. Seit 1949 hat die Bundesrepublik Deutsch-

land einen Nachholbedarf an sozialer Gerechtigkeit.

3. Daß sie ihren eigenen Egoismus überwinden, um dann auch den Egoismus der individuellen, den Egoismus der sozialen, den Egoismus der menschlichen Rechte gegenüber der Natur und den Egoismus der gegenwärtigen Generation gegenüber den kommenden zu überwinden und der Menschlichkeit jedes und aller Menschen im Interesse Gottes des Schöpfers und Erlösers der Menschen zu dienen.

4. Daß sie durch öffentliche Verkündigung, Unterricht und Erziehung die mit den Rechten des Menschen unablösbar verbundenen Pflichten des Menschen gegenüber seiner gottgegebenen Würde, den anderen Menschen, der Natur und der Zukunft einschärfen.

Die Christenheit lebt von der Hoffnung auf Gott, der Menschen aus innerer und äußerer Unmenschlichkeit befreit, sie in seinem Bund leben läßt und zur Freiheit seines Reiches führt. Sie wird um ihrer Hoffnung willen für die Würde des Menschen und seine Rechte als Ebenbild Gottes mit allen ihren Mitteln, sowohl handelnd wie leidend, eintreten. Sie selbst bedarf für ihren Dienst an der Menschlichkeit des Menschen des Rechtes auf Religionsfreiheit, des Rechtes auf Gemeindebildung und des Rechtes auf öffentliches Reden und Handeln.

Der Kampf um die Verwirklichung der Menschenrechte gehört in die größere Geschichte der Menschwerdung des Menschen. Die Menschwerdung des Menschen gehört in die größere Geschichte des Reiches der Freiheit. Des Menschen Würde und seine Rechte sind eine Einheit, denn der dreieinige Gott ist auf dem Wege, alles mit sich und in sich zu vereinigen.

Die Menschenrechte sind heute umstritten.

Lohnt sich der Einsatz? Lohnt sich das Opfer? Hat es einen Sinn, sich zu engagieren? Die Antwort finden wir nur, wenn wir uns fragen: Gibt es Hoffnung auf den Menschen, oder habe ich die Hoffnung auf den Menschen preisgegeben?

In der größeren Hoffnung, von der wir alle leben, solange wir lebendig und menschlich sind, gibt es viele Niederlagen und viele Enttäuschungen durch andere Menschen, aber es gibt keine Resignation angesichts dieser Hoffnung.

Humanität in Schule und Gesellschaft

Ich verstehe unter Evangelium den göttlichen Ruf in die Freiheit, der in der Rechtfertigung allein aus Gnaden den unfreien Menschen trifft. Die Inhumanität, unter der die Bürger der entwickelten Industriegesellschaften leiden, möchte ich mit dem ebenso selbstgerechten wie gnadenlosen Stichwort der »Leistungsgesellschaft« erfassen. Industriegesellschaften sind auf Wachstum und Expansion angelegt. Sie verlangen deshalb von ihren Mitgliedern ein leistungsorientiertes Leben und strikte Disziplin. Das wird nirgendwo so klar offenbar wie an den Schwachen, den Kranken, den Behinderten – und den Kindern.

Ich gehe von der konkreten Situation der Schulen in dieser Leistungsgesellschaft aus. Man nennt die Schule in Deutschland heute »Leistungsschule«. Ihre Situation ist gekennzeichnet durch wachsende Leistungsforderung, durch Examensorientierung jedes Unterrichts, durch pausenlose Überprüfung der Schüler. Überfüllte Lehrpläne überfordern Schüler und Lehrer. Verschärfter Notendruck durch Mangel an Lehr- und Arbeitsstellen erzeugt einen Konkurrenzkampf der Schüler gegeneinander schon in den unteren Klassen. Dieser Konkurrenzkampf um die besten Noten erzeugt Angst. Statt einer Klassen*gemeinschaft* erleben die Schüler von früh an Klassen*kampf.* Psychische Erkrankungen sind die Folge. Je ungewisser die Zukunftsaussichten sind, desto aggressiver, zerstreuter und ängstlicher werden die Schüler. Sie konsumieren Unterhaltungsmusik oder sie rauchen und trinken. Noch nie saß die Angst vor den Zeugnissen so tief in den Seelen der Schüler wie heute. Kinder, Eltern und dann auch die Lehrer verzweifeln am »Notenterror«. Denn ein Terror ist es in der Tat, wenn Kinder im Alter von zwölf Jahren von ihren Lehrern zur Arbeit angehalten werden mit der Drohung, ohne gutes Abitur keinen Studienplatz und ohne gutes Examen keine Lehrstelle zu bekommen. Das Bild von dem fünfzehnjährigen Schüler, der sich aus Angst vor schlechten Noten erhängt hatte, ging durch alle deutschen Zeitungen. Leider hat es an der Leistungsbesessenheit der Schulen nichts geändert. Natürlich fühlen sich Lehrer und Schulämter unschuldig. Sie verweisen auf die Anforderungen der Wirtschaft, der Verwaltung und des Staates, für die und nach deren Bedürfnissen sie ausbilden. Und diese großen Institutionen der Gesellschaft verweisen, sollten sie gefragt werden, auf den Druck der Konkurrenz, sei sie national oder international: Man muß schließlich wettbewerbsfähig bleiben! Doch dieser Verweis auf die Gesetze des internationalen Kampfes um wirtschaftliche Vorherrschaft und politische Macht hilft nicht, so richtig er ist. Denn es ist schon in der Schule eine böse Illusion, zu meinen, daß die Generation, die jetzt in den Leistungsschulen so hart strapaziert wird, einmal besonders leistungsfähige Menschen aufweisen wird. Es ist eher zu vermuten, daß sie besonders viele Frührentner hinterläßt. Also kann man die Schuld nicht von einer Institution auf die andere weiterschieben, um auf Veränderungen im großen zu warten. Man muß dort mit der Befreiung anfangen, wo man seine Kinder leiden sieht und also selbst betroffen ist.

I. Der Weg zur Leistungsgesellschaft

Versuchen wir, die Situationen in der Leistungsgesellschaft zu verstehen, dann stoßen wir auf kurzfristige, auf langfristige und auf grundsätzliche Probleme. Hinter den Veränderungen der unmittelbaren Gegenwart, die wir erfahren, stehen die Veränderungen der Neuzeit im großen, und hinter den Veränderungen des Lebens in der Neuzeit steht die grundsätzliche anthropologische Frage: Was macht den Menschen zum Menschen?

1. In den letzten zehn Jahren haben wir den Umschwung von einer humanistisch zu nennenden Reformpädagogik zu dieser auf Erfolg und Leistung orientierten Ausbildung erlebt. Die Schule spiegelt damit nur eine größere Veränderung im Lebensgefühl wider.

Vor zehn Jahren lebten wir in einem Land mit hohen wirtschaftlichen Zuwachsraten, mit Vollbeschäftigung und vielen offenen Stellen. Viele meinten, auch wir würden im Land der unbegrenzten Möglichkeiten leben. 1968 begann in Deutschland die Reformpolitik nach innen und außen. 1968 war mit dem zweiten Vaticanum die Reform der katholischen Kirche beschlossen. 1968 stellte sich die ökumenische Bewegung in Uppsala unter das Wort der göttlichen Verheißung: »Siehe, ich mache alles neu.« 1968 gab die lateinamerikanische Bischofskonferenz in Medellin das Signal für die Erneuerung der Kirche und die Befreiung des Volkes. 1968 erreichte die Civil Rights Movement in den USA unter den *Kennedys* ihren Höhepunkt. 1968 stand der »Sozialismus mit menschlichem Gesicht« in der Blüte seines Prager Frühlings.

Zehn Jahre später sieht vieles ganz anders aus als damals erhofft und gewollt. Alle Industrienationen sind in die wirtschaftliche Rezession geraten. Hohe Arbeitslosenzahlen belasten die Völker. Es gibt keine offenen Stellen mehr, um die sich nicht viele Menschen zugleich bewerben müßten. Außerdem wurde der Numerus clausus an den Universitäten eingeführt. Die Aufnahme nur der besten Schüler drückt auf die Schulzeugnisse, die Schulzeugnisse drücken auf den Unterricht, auf die Lehrer und die Schüler. Anstelle der Reform des Unterrichts zu einer menschengerechten Schule haben wir die leistungsgerechte Schule bekommen.

Wodurch und seit wann ist dieser Umschwung eingetreten? Man kann die Zäsur in Deutschland sehr genau datieren: Sie ist mit der ersten Ölkrise im Jahre 1972 eingetreten. Mit der Verdoppelung des Ölpreises wurde plötzlich vielen klar, daß wir nicht in einem »Land der unbegrenzten Möglichkeiten«, sondern vielmehr in einem Land allseitiger Verknappung aller Möglichkeiten leben. Die Rohstoffe, die Energieträger, die Arbeitsplätze, die Studienplätze und die Wachstumsraten werden immer knapper, die Ansprüche aber steigen unbeirrt, und die Überbevölkerung der Erde durch Menschen ist unabsehbar (E. Eppler).

Mit jener Zäsur ist eine Krise der Hoffnung entstanden. Auch die Zukunft ist nicht mehr das, was sie einmal zu sein schien. Sie wird nicht mehr als Chance zum Besseren und als Ruf zum Neuen, sondern eher als Bedrohung der Gegenwart verstanden. Wer aber die Zukunft mit Angst anschaut, dem zeigt sie ein dunkles Gesicht. Fühlt man sich durch die Zukunft bedroht, dann entsteht Existenzangst. Diese Angst führt in einen aggressiven Konkurrenzkampf, und der Konkurrenzkampf um gute Positionen ruft jenen Leistungsdruck hervor, den man in der Schule am deutlichsten spürt.

2. Was wir in den letzten zehn Jahren erlebt haben, spiegelt jedoch nur die größeren und langfri-

stigen Veränderungen der Neuzeit wider. Dies ist der Übergang von der feudalistischen Standesgesellschaft zur egalitären Leistungsgesellschaft. Man kann sich diesen Übergang klarmachen, wenn man sich den Wandel in der Bewertung der Arbeit vor Augen hält: In der Antike galt Arbeit als »Nicht-Muße«, als nec-otium: Arbeit macht unfrei. Arbeiten geziemt sich nicht für den freien Mann. Denn wer arbeiten muß, kann keine Tugenden entwikkeln. Also wurde die Arbeit auf Sklaven und Frauen abgewälzt.

Durch die Reformation wurde die Arbeit dann in den »Beruf« gefaßt und aufgewertet. Das »allgemeine Priestertum« machte die Arbeit jedes Gläubigen zu seinem göttlichen Beruf. Vom Mittelalter bis in die Neuzeit hinein aber war die Arbeit durch die Ständeordnung verfaßt und organisiert. Bauern, Handwerker, Bürger, Adlige usw. arbeiteten und lebten »ihrem Stand entsprechend«. Darum sang man mit dem Lutheraner *Paul Gerhardt*: »Gib, daß ich tu mit Fleiß, was mir zu tun gebühret, wozu mich Dein Befehl in meinem Stande führet.«

Mit der Entstehung der industriellen Produktionsweise zerbrach diese Gesellschaft der Stände, Zünfte und Berufsgenossenschaften. Es entstand die Welt des Lohnarbeiters. Jetzt heißt es nicht mehr: »Jeder nach seinem Stande«, sondern: »Jeder nach seiner Leistung.« Was in der bürgerlichen Welt gezählt, gemessen und belohnt wird, ist allein die Arbeitskraft und die Arbeitsleistung: Ob Graf oder Knecht, Mann oder Frau, Katholik oder Protestant, Schweizer oder Italiener – hier sind sie alle gleich. Als Arbeitskraft und als Konsument werden sie überall angenommen. Ihre anderen Eigenschaften oder Bestimmungen sind gleichgültig und darum beliebig geworden. »Arbeit adelt«, sagten jene, die des Adels Privilegien abschafften. »Arbeit macht frei«, sagten die Knechte, die sich emanzipierten. Arbeit wurde damit zur wichtigsten Bestimmung des Menschen. Darum wird Arbeit nicht von der Muße her definiert, sondern die Muße von der Arbeit her: als »Müßiggang« oder als »Urlaub« von der Arbeit. An die Stelle der Standesschulen, der Adels- und Bürgerschulen, trat die Volksschule für jedermann und für alle gemeinsam.

Wir sind noch immer in diesem Übergang begriffen und nicht an seinem Ende angekommen. Die Leistungsgesellschaft individualisiert die Menschen. Sie löst die natürlichen Sozialversicherungen durch Familie, Verwandtschaft und Dorfgemeinschaft auf und setzt den Sozialstaat mit seinen Versicherungen und Renten an die Stelle. Der einzelne ist damit nicht mehr auf seine Familie angewiesen. Viele Kinder sind keine Altersversicherung mehr, und Heirat schafft keine besondere soziale Sicherheit. Das muß die Verbindungen von Ehe, Familie und Verwandtschaft nicht auflösen, wie manche befürchten. Es wird diesen natürlichen Beziehungen aber eine ganz andere Bedeutung geben.

3. Im Übergang von der Standes- zur Leistungsgesellschaft entstehen schwere Probleme für die Identität des Menschen. Jede Gesellschaft zwingt durch Privilegien, durch soziale Belohnungen und Bestrafungen ihre Mitglieder zu einer bestimmten Identität. In der Standesgesellschaft hieß diese Identität: »Ich bin der, als der ich geboren bin.« Das findet sich noch in Kinderreimen: »Edelmann, Bettelmann, Schneider, Pastor, Ratsherr, Bürgermeister, Doktor, Major«. Man wird in einen Stand hineingeboren, hat standesgemäß zu leben. Gewiß waren jene Stände für Aufsteiger durchlässig, aber doch nur von Generation zu Generation. Meine Großmutter lebte im großherzoglichen Schwerin

nach der Devise: »Iß unter deinem Stande!« (damit du Geld sparst) – »Kleide dich mit deinem Stande!« (damit du angenommen und angesehen wirst), aber – »Wohne über deinem Stande!« (damit deine Kinder die nächste Stufe erreichen).

Die Leistungsgesellschaft zwingt zu einer anderen Identität. Hier heißt es: »Ich bin das, was ich leisten kann« und stelle mich dar durch das, was »ich mir leisten kann«. Essen, Wohnung, Urlaubsreisen, Autos sind keine Standessymbole mehr, sondern Leistungssymbole.

Jede Schule sozialisiert in die vorhandene Gesellschaft hinein. Die Leistungsschule bereitet auf die Erfolgsidentität vor und trainiert für den Konkurrenzkampf: Bist du gut in der Schule? Bist du schlecht in der Schule? Du mußt an dir arbeiten! Was willst du einmal werden? Du mußt etwas aus dir machen! In solchen Fragen und Befehlen wird das Sein eines jungen Menschen mit seiner Leistung identifiziert. Sein Selbstwertgefühl wird an zensierbare Leistungen gebunden. Also ist er nichts anderes, als was er tut.

Vergleichen wir beide Formen der Identität lebensgeschichtlich, dann zeigt sich die standesmäßige Identität: »Ich bin der, als der ich geboren bin« als eine kindliche Identität. Man wird durch seine Eltern identifiziert. Wenn die Leistungsgesellschaft Menschen zu sagen nötigt: »Ich bin das, was ich leisten kann«, so ist das eine pubertäre Identität. In dem Maße, wie ein junger Mensch sich von seiner Herkunft und Familie zu lösen beginnt, setzt er sein Selbstbewußtsein auf seine eigene Leistung. In dem Maße, wie ich das werde, was ich selbst aus mir mache, trete ich aus meinen natürlichen Bindungen heraus und komme zu mir selbst. Das ist ein natürlicher Vorgang. Die Frage ist nur, ob das Wertsystem der Öffentlichkeit einer Gesellschaft eigentlich diese pubertäre Leistungsidentität so in den Vordergrund stellen und festschreiben darf. Was sind die Folgen? Es entsteht dann eine unreife, pubertäre Öffentlichkeit. In ihr findet man erwachsene Kinder, die zu früh zur Leistungsidentität gezwungen wurden, und kindische Erwachsene, die ihre Identität immer noch auf Leistungen aufbauen, um sich selbst zu bestätigen und bestätigen zu lassen. Wird Leistungsidentität zum Gesetz der Gesellschaft kraft Belohnung und Bestrafung, dann werden diejenigen verdrängt, die leistungsschwach sind. Die Behinderten verlieren dann jede soziale Identität. Wer alt oder krank wird, scheidet aus dem Rennen aus. Leiden, Trauer und Tod kommen nicht mehr vor. Auch Schuld gibt es nicht mehr. Durch Tabus und Alibis wird das öffentliche Bewußtsein abgeblendet und abgelenkt von allen Dingen, die nicht leistungssteigernd wirken.

II. Was ist der Mensch?

Hinter dem geschilderten Übergang von der Standesgesellschaft zur Leistungsgesellschaft steht ein allgemein menschliches und darin zugleich theologisches Problem: Wie wird der Mensch zum wahren Menschen?

Die These, die zuerst *Aristoteles* formulierte, ist sehr einfach: Der Mensch macht sich selbst zum Menschen, denn der Mensch ist stets das, was er aus sich macht. »Übung macht den Meister«, sagt die aristotelische Tugendlehre. Wenn einer stiehlt und immer wieder stiehlt, wird er zum Dieb. Wenn einer das Gerechte tut und immer wieder tut, wird er zu einem Gerechten. Also werden wir zu wahren Menschen, wenn wir Menschlichkeit üben und immer wieder menschlich handeln, bis uns die

Menschlichkeit zur Gewohnheit und ganz selbstverständlich wird. Dies ist auf den ersten Blick eine einleuchtende Argumentation. Nach ihr liegen jedoch Menschlichkeit und Unmenschlichkeit in des Menschen Hand. Er kann sich selbst verwirklichen. Er kann sich selbst aber auch verfehlen. Also ist er ständig die Möglichkeit seiner selbst. Was er ist, das ist in jedem Fall das Resultat seines Tuns und Unterlassens. Darum muß des Menschen Sein mit seinem Tun identifiziert werden: »Du bist, was du aus dir machst.«

Die Frage ist nur, ob ein Mensch wirklich frei ist gegenüber der unmenschlichen Wirklichkeit, die ihn beherrscht. Wenn sich der Mensch einmal auf Unfreiheit eingelassen hat, büßt er dann nicht die Freiheit gegenüber sich selbst ein? Kann derjenige, der seine Möglichkeit verwirkt hat, sich noch verwirklichen? Die realistische Frage lautet darum nicht: Wie kann der Mensch zum wahren Menschen werden?, sondern: Wie kann der Unmensch zum Menschen werden? Die erste Frage ist nicht: Welche Möglichkeiten verwirklicht der Mensch?, sondern: Wie wird der unfreie Wille frei?

Die These, die *Luther* mit besonderer Klarheit und Schärfe formulierte, sagt: Der Rechtfertigungsglaube befreit und macht den Menschen zum wahren Menschen. Der Glaube an das Evangelium geht von einer anderen Grunderfahrung aus als die aristotelische Philosophie des »gesunden Menschenverstandes«. Er beginnt mit der Erfahrung der eigenen Unfreiheit und stellt deshalb fest: Ist der Mensch das, was er aus sich macht, dann ist sein Menschsein von seinem Tun abhängig. Sein Tun aber ist doch dem Gesetz und seinen Prinzipien unterworfen. Dieses Gesetz fordert von ihm eine Gerechtigkeit und eine Menschlichkeit, die er nicht leisten kann, wenn er einmal ungerecht und unmenschlich geworden ist. Das Gesetz des Guten wird ihm zu einer unerfüllbaren Norm. Darum erfährt er sich nicht als einen freien Herren seiner selbst, sondern als einen abgehetzten Sklaven jenes Gesetzes, das ihm ein Ideal vorhält, aber keine Kraft gibt, es zu verwirklichen, das Freiheit von ihm verlangt, ohne ihm Freiheit zu geben. Ist der Mensch also das, was er aus sich macht, dann ist er seinen eigenen Werken gegenüber gerade nicht frei, sondern von ihnen abhängig. Im Grunde machen die Werke ihn, nicht er die Werke. *Luther* nannte es eine Blasphemie, zu sagen, daß wir die Kreaturen unser selbst seien, weil wir dann auch unsere eigenen Schöpfer und Götter sein müssen. Er verwarf die Anthropologie des sich selbst schaffenden Menschen und stellte ihr mit einer Kurzformel die christliche Anthropologie gegenüber: »Der Mensch wird durch Glauben gerecht« (hominem justificari fide).

Das soll sagen: Es führt kein Weg vom Tun zum Sein. Was ein Mensch im Grunde seines Wesens ist, das geht allem voran, was er äußert in Gedanken, Worten und Werken. Sein Tun und Lassen zeigt sein Leben und ist seine Lebensäußerung. Nicht also durch das Handeln verändert der Mensch sein Wesen. Eine gründliche Veränderung seines Wesens geschieht erst durch das schöpferische Handeln Gottes an ihm, und dieses wird in der Rechtfertigung des Sünders durch Wort und Glauben erfahren. In diesem Widerfahrnis erfährt der Mensch, der sich selbst sucht und doch nicht hat, daß er angenommen ist, so wie er ist. Das macht aus einem ungerechten Leben ein gerechtes und aus einem ängstlichen ein freies Leben. Man kann es sich an der Erfahrung der Liebe klarmachen: Erst das Geschenk der Liebe macht aus einem ungeliebten Leben ein geliebtes Leben und verändert den

Grund einer Existenz. Das kann man nicht machen, nicht herstellen und sich nicht erwerben.

Der Mensch wird »von neuem geboren«, sagt das Johannesevangelium. Jene Erfahrung, die wir Glauben nennen, ist keine Tugend, die man lernen kann, sondern eher dem Geburtsvorgang vergleichbar. Der vertrauenswürdige Gott »zeugt« den ihm vertrauenden Glauben des Menschen. Darum verläßt hier die theologische Sprache die Sphäre der Produktivität des Menschen und nimmt die Vergleiche aus der Sphäre der Generativität. Wird das neue Sein des Menschen durch Wort und Geist Gottes »gezeugt«, dann folgt daraus die Umkehr des Verhältnisses von Tun und Sein. »Nicht indem wir das Gerechte tun, werden wir zu Gerechten, sondern als die Gerechtfertigten tun wir das Gerechte«, erklärte *Luther* deshalb gegen *Aristoteles*. Also macht die Person die Werke, nicht machen die Werke die Person. Die Person aber wird von Gott geschaffen, befreit und erlöst. Sie empfängt sich aus der Liebe Gottes. Darum ist der Glaubende diesem Weltsystem von Gesetzen und Leistungen ebenso abgestorben, wie der Liebende der Welt des Hasses und der Lieblosigkeit entschwunden ist. Die Identität, die jene Welt verlangt, braucht er nicht mehr. Darum haben die Mächte und Ängste jenes Lebenssystems keine Gewalt mehr über ihn.

Der Glaubende lebt in der neuen Welt Gottes, wo es kein Gesetz gibt, keine Sünde, kein Gewissen, keinen Tod, sondern nur die völlige Freude, Gerechtigkeit, Frieden, Leben, Heil und Herrlichkeit. Und der Glaubende handelt aus diesem »Reich der Freiheit« heraus, dessen Bürger er ist, solange er in dieser Welt des Gesetzes und des Todes existiert; das heißt, in unsere Sprache übersetzt, die Identität des Menschen wird vom Leistungszwang befreit. Die necessitas operum, wie *Luther* diese Zwangsgewalt der Werke nannte, ist ja dieselbe im modernen Leistungszwang. Das heißt, der Mensch muß sich nicht ständig selbst schaffen, er demonstriert vielmehr sein neues Sein durch freie Betätigung in diesen freien Werken. Er ist nicht mehr der unglücklich-stolze Schöpfergott seiner selbst, er ist auch nicht das Geschöpf seiner eigenen Werke. Er transzendiert seine Werke und steht ihnen frei gegenüber. Seine Lebensäußerungen und seine Tätigkeiten sind nicht mehr seine »Werke«, so daß er ständig unter sie schreiben muß: »Das habe ich getan«, um sich selbst ein Denkmal zu setzen. Der Mensch muß sich nicht mit seinen Werken so identifizieren, daß sie zu seinem Idol werden; er ist von der Denkmalspflege seiner selbst befreit.

Doch aus Glauben entspringen »freie Werke«. Die Erfahrung des Angenommenseins durch Gott konstituiert eine unverlierbare Würde im Menschen, eine Würde, die größer ist als alles, was der Mensch tun oder unterlassen kann. Aber nicht nur diese Würde liegt darin. Es entspringen daraus auch Werke, die insofern »frei« sind, als sie nicht mehr durch Gesetz und Zwang abgenötigt werden. »Ist der Mensch im Glauben umsonst von Gott angenommen und geliebt, so werden seine Werke wie die Werke Adams im Paradies sein«, schrieb *Luther* im Traktat von der Freiheit eines Christenmenschen. »Das waren eitel frei' Werke gewesen, um keins Dings willen getan denn allein, Gott zu gefallen und nicht um Frömmigkeit zu erlangen«, Werke also, die vom Zweck der eigenen Identitätsfindung befreit waren, um des andern willen getan oder aus Liebe und Freude getan wurden. Sie geschehen »umsonst«, sie geschehen also gleichsam selbstvergessen, spontan, spielend. Man muß sie nicht herbeinötigen. Man kann sie nicht erpressen.

Die Moral des Glaubens ist die Liebe, die sich von selbst versteht, die man sich nicht abringen muß. Soweit *Martin Luther*.

Aber: »Wir wären gut anstatt so roh, doch die Verhältnisse, die sind nicht so«, heißt es in der Dreigroschenoper. Die Person macht die Werke, die Werke machen nicht die Person. Das ist ein guter Grundsatz. Darin liegt Freiheit des Menschen gegenüber seinen Werken und allen Bewertungen nach seinen Werken. Wie das biblische Bild sagt: Der gute Baum bringt gute Frucht, dazu muß man ihn nicht nötigen; er tut das ganz von selbst, um mit Reichtum zu prangen, aus Daseinsfreude sozusagen. Doch wo steht dieser Baum? »Der verkrüppelte Baum im Hof zeigt auf den schlechten Boden, aber die Vorübergehenden schimpfen ihn einen Krüppel – doch mit Recht«, dichtete *Bertolt Brecht*. Ist also an den schlechten Früchten nicht nur die schlechte Baumwurzel, sondern vielleicht auch der schlechte Boden schuld? In einem lichtlosen Hof kann ein Baum nicht gut blühen, seine Umwelt gibt ihm keine Chance dazu, selbst wenn seine Wurzel gut ist, sie verkrüppelt ihn. Pflanzt man ihn aber in einen Park, dann entfaltet er sich nach allen Seiten und zeigt seine Fülle.

»Der Adel der göttlichen Geburt ist das Siegel der Kinder Gottes, der Ruhm der Leistung ist das Zeichen der Knechte«, hat *Hans Joachim Iwand* einmal treffend gesagt. Aber – das ist die Rückfrage an den Protestantismus – zwingt nicht die moderne Leistungsgesellschaft den Menschen in eben diese Knechtschaft hinein? *Goethe* bemerkte in »Wilhelm Meister« mit dem Beginn des bürgerlichen Zeitalters das Ende der Ständegesellschaft. Darum rät er, den Bürger nicht zu fragen: »Wer bist du?«, sondern zu fragen: »Was hast du, was kannst du?« Er sah damit deutlich den Übergang von der Aristokratie zur Meritokratie. Das ist eine Gesellschaft, in der die Kategorie des Habens die Kategorien des menschlichen Seins überfremdet, wie der »rote Rabbi« *Moses Heß* als erster feststellte. In ihr ist der Mensch gesellschaftlich nur das, was er leistet: eine Arbeitskraft, und was er sich leisten kann: ein Konsument. Seine menschliche Ich-Identität wird ersetzt durch eine Ego-Identität, die aus dem gebaut wird, was er leistet und sich leisten kann. Das ist die Verdinglichung des Menschen, zu der diese Gesellschaft ihn zwingt. Auch wenn er aus dem Glauben heraus die Würde seiner Person höher hält als alle seine Werke, steht er doch diesem Konflikt gegenüber. Die Erfahrung seines Ego ist die Erfahrung seiner selbst als eines Dinges. Die Leiblichkeit, in der einer existiert, wird dann zum Körper, den er hat. Er *ist* nicht mehr krank, sondern er *hat* Krankheiten. Er verschiebt seine Erfahrungen aus dem Sein in das Haben. Statt zu sagen: »Ich kann nicht schlafen«, sagt er: »Ich habe nicht die richtigen Schlafmittel«; statt zu sagen: »Ich liebe meine Frau«, sagt er: »Ich führe eine glückliche Ehe« usw. Diese Übersetzung von Formen des authentischen Seins in das Haben oder Nichthaben zeigt schon sprachlich den Verfall der Ich-Identität in die Ego-Identität an. Offenbar besteht ein starker Druck aus der Öffentlichkeit und aus unserem öffentlichen Umgang auf den Menschen, sich genau so zu verstehen.

Der Mensch ist das, was er produziert, er ist das, was er aus sich macht. Und das wird jetzt, nämlich in der bürgerlichen Welt der europäischen Neuzeit, gefährlich. In der antiken Welt, im Mittelalter war dieser Grundsatz noch durch ständische Gliederung begrenzt. Die mittelalterliche Lehre von der »Werkgerechtigkeit« hat nicht zur Leistungsidentität geführt, weil jeder seine Identität auch noch in der ständischen Verfaßtheit der Gesellschaft fand. Wenn diese aber verlorengeht, dann steht der Mensch seiner eigenen Leistung schutzlos gegenüber und muß allein durch seine Leistung seine Identität herstellen.

Mit genau diesem Grundsatz: »Der Mensch ist das, was er produziert, er ist das, was er aus sich macht«, hat dann *Karl Marx* die kapitalistische Gesellschaft von Habenden und Habenichtsen kritisiert.

Gilt dieser Grundsatz für die Identität des Menschen, dann wird der Lohnarbeiter in dieser Gesellschaft durch Ausbeutung und Entfremdung um seine Menschlichkeit gebracht; er produziert den Gewinn anderer, er produziert seine eigene Armut.

Mit dem gleichen Grundsatz: »Der Mensch ist das, was er produziert«, hat *Marx* deshalb dann auch eine menschliche, humane Gesellschaft gefordert, die den allseitigen und tiefsinnigen Menschen als ihre stete Wirklichkeit »produziert« und es allen Menschen möglich macht, sich als Menschen in ihrem wesentlichen Reichtum zu produzieren. Wenn wir diese Kritik von *Marx* an der kapitalistischen Gesellschaft des Habens in *Luthers* Sprache zurückübersetzen würden, dann müßten wir sagen: Diese Leistungsgesellschaft ist die institutionalisierte Werkgerechtigkeit. Ihr objektiver Zwang, sich durch Leistung zu identifizieren, ist genau das gleiche wie der Zwang, sich durch Werke zu rechtfertigen. Es ist der Zwang zum Götzendienst mit der eigenen Leistung, und das ist nichts anderes als organisierte Blasphemie. Im Vergleich mit einer Gesellschaft, die sich als »Leistungsgesellschaft« versteht, war die werkgerechte, mittelalterliche, ständische Kirchengesellschaft eine humanere Gesellschaft. Wie soll der verkrüppelte Baum in solcher Umwelt gute Früchte bringen?

Wie soll der Mensch unter solchen Zwängen menschlich leben können?

Die bloße Befreiung der inneren Person des Menschen vom äußeren Zwang der Werke und Leistungen durch die Glaubenserfahrung würde in einer so beschaffenen Leistungsgesellschaft zu einer romantischen Eskapade in die Innerlichkeit des Herzens führen, wenn sie nicht mit den Versuchen der Humanisierung der inhumanen Strukturen und Prinzipien dieser Gesellschaft verbunden wäre. Damit ist nicht jede Innerlichkeit als Eskapade diffamiert; im Gegenteil: Es gibt eine Innerlichkeit, die durchaus keine Flucht ist, in welcher einer seine innere Identität entdeckt und in das Chaos der Bilder und Eindrücke und Gefühle eine gewisse Ordnung bringt. Es gibt die innere Stabilisierung des Seelenfriedens, die keineswegs diskreditiert werden darf. Sie führt nur dann zur Flucht vor der Wirklichkeit, wenn sie nicht mit dem Ansatz zur Humanisierung der Strukturen und Prinzipien dieser Gesellschaft verbunden ist.

Die Befreiung der Person durch die Glaubenserfahrung geht Hand in Hand mit den freien und befreienden Werken der Liebe, sagte *Luther*. Wenn die Verhältnisse es nun sind, die den Baum so verkrüppeln, dann müssen die Verhältnisse dahin geändert werden, daß sie dem Baum die objektiven Möglichkeiten geben, sich zu entfalten, das heißt, wenn die sozialen Verhältnisse Menschen zu unmenschlichen Handlungen nötigen, dann müssen die sozialen Verhältnisse so geändert werden, daß sie ihnen die Möglichkeit zu menschlichen Handlungen geben. Natürlich ist es dabei eine Illusion, zu meinen, daß eine einstmals vielleicht gerecht zu nennende Gesellschaft gerechte Menschen als ihre stete Wirklichkeit produzierte. Ebenso ist es eine Illusion, zu meinen, daß eine einstmals vielleicht frei zu nennende Gesellschaft freie Menschen hervorgebracht hätte. Schon die generelle Behauptung, daß unfreie Verhältnisse zwangsläufig nur knechtische Menschen produzieren, ist falsch. Es gibt auch in der Knechtschaft immer Menschen, die überraschenderweise Freiheit beweisen, anders würde es nie zur Überwindung politischer oder sozialer Tyrannei kommen. Umgekehrt garantieren äußere Freiheiten noch nicht die innere Freiheit des Menschen. Es gibt in relativ freien, relativ gerechten Verhältnissen genug unfreie Menschen und ungerechte Menschen, die die Möglichkeiten nicht ergreifen, die ihnen objektiv geboten werden. Eine unfreie Gesellschaft produziert nicht automatisch unfreie Menschen, aber sie setzt allerdings Menschen so unter Druck, daß ihnen die Freiheit immer schwerer wird. Eine relativ freie Gesellschaft dagegen produziert nicht automatisch freie Menschen, aber sie begünstigt die Freiheit. Ob Menschen die positiven Möglichkeiten zur Humanität ergreifen, das hängt dann immer weniger von den Verhältnissen und hängt immer mehr von ihnen selbst ab. Darum kann man den Zwang der Unfreiheit und die Gunst der Freiheit nicht parallel beschreiben. Wenn der Druck einer Tyrannis groß wird, dann gibt es mehr negative Faktoren, die den Menschen nicht Mensch sein lassen, als persönliche Kräfte, diesen Faktoren zu widerstehen. Die Gunst der positiven Faktoren für die Freiheit hingegen räumt Freiheit ein, schließt aber Unfreiheit nicht aus, sie hindert nicht den Mißbrauch der Freiheit.

Der Druck der Leistungsgesellschaft läßt sich abbauen. Aber eine Glücks- oder Freiheitsgarantie ist damit nicht verbunden. Was Menschen daraus machen, das liegt ganz an ihnen selbst. Aber erst dann liegt es ganz an ihnen selbst, was sie aus ihren

Möglichkeiten machen, wenn die Zwänge, die sie davon abhalten, abgebaut worden sind.

An dieser Stelle muß man sagen, daß *Luther* mit seiner Lehre von der Glaubensfreiheit radikaler war als *Karl Marx*. Letzterer blieb anthropologisch im Banne der aristotelischen Tugendlehre: »Der Mensch ist das, was er aus sich macht.« Er ist Schöpfer seiner selbst, causa sui. Darum kann nach *Marx* das menschliche »Reich der Freiheit« nur auf dem »Reich der Notwendigkeit« aufgebaut werden. Der Mensch ist wesentlich ein Produzent. Ist das wahr, dann kommt es nur noch darauf an, menschliche Verhältnisse zu produzieren, damit der Mensch menschlich leben kann. Damit aber blieb *Karl Marx* im Banne der kapitalistischen Produzentengesellschaft, denn er hielt an ihrem ersten Prinzip fest: Der Mensch ist das, was er aus sich macht. Er brach ideologisch nicht mit diesem Zwang der Werke, der eine Gleichsetzung der inneren Identität mit der Leistung voraussetzt und verlangt. Er wollte diesen Zwang der Werke nur so umfunktionieren, daß aus Arbeit und aus fremder Zwecksetzung eine Tätigkeit wird, die sich Selbstzweck ist, und daß aus Fremdbestimmung Selbstbestimmung wird. Aber auch hier muß man kritisch feststellen: Ob man nun unter einem fremden Gesetz steht oder sich dieses Gesetz so zu eigen gemacht hat, daß es als das eigene Gesetz erscheint, in den Folgen kann das zweite so schlimm sein wie das erste. Ob man von einem andern zur Leistung gejagt wird oder anfängt, sich selbst zur Leistung zu treiben, das gehetzte Wild ist das gleiche. Auch Autonomie ist gesetzlich. Auch gewonnene Selbstbestimmung kann zum Leistungsdruck werden. Wenn der Übergang von der Arbeit zur »schöpferischen Tätigkeit« bei *Marx* so gedacht wird, dann bleibt diese schöpferische Tätigkeit, die er als nichtentfremdete Arbeit ansieht, doch immer noch Leistung, zu der der Mensch angetrieben wird, damit er das Humane ans Licht bringt, das noch im Dunkel liegt.

Die reformatorische Alternative der Glaubensgerechtigkeit zur Werkgerechtigkeit ist, wird sie übersetzt in unsere Leistungsgesellschaft, viel radikaler. Sie kennt den Skandal der qualitativen Differenz zwischen den Werken des Gesetzes, die Christus ans Kreuz brachten, und jener Gerechtigkeit des Gekreuzigten, die ohne des Gesetzes Werke aus Glauben gerecht macht. Übertragen wir diese reformatorische Erkenntnis von dem Menschen, der durch Glauben gerecht wird und im Glauben seine Ich-Identität findet, auf die moderne Leistungsgesellschaft, dann heißt das, daß der Mensch nicht nur von Fremdbestimmung und Ausbeutung, sondern tiefer noch von der Zwangsvorstellung befreit werden muß, er sei das, was er produziere. Er wird dann nicht nur von schlechten Produktionsverhältnissen frei, um bessere Produktionsverhältnisse zu schaffen. Er braucht sich auch nicht mehr vor sich selbst zu schämen und infolgedessen sich auch nicht mehr vor sich selbst und anderen durch Leistungen zu beweisen. Er findet das Humane schon darin, daß er sich von Gott angenommen und geliebt weiß, so wie er ist. Mit dieser Glaubenserfahrung identifiziert, aus ihr mit einer Ich-Stärke versehen, muß man sich nicht mehr »das Leben nehmen«, sondern kann es frei leben und geben.

An der Gesundung der Schule kann jeder, Eltern, Lehrer und Kinder, mitwirken, wenn er anfängt, mit dem ersten Gesetz der Leistungsgesellschaft zu brechen: »Der Mensch ist das, was er produziert. Der Mensch ist das, was er leistet.« Dieser Grundsatz muß überwunden werden.

III. Sechs Ratschläge

1. Beurteile einen Menschen nicht nach dem, was er *leistet*, sondern sieh tiefer auf das, was er *leidet*! Denn Leistung ruft nach Gericht, das lohnt oder straft, Leiden aber ruft nach Sympathie, die Solidarität und Liebe gibt.

2. Beurteile einen Menschen nicht nur nach dem, was er leidet, sondern nimm ihn an als einen, für den Gott in Jesus Christus den Tod erlitten hat.

3. Identifiziere keinen Menschen mit seinen Taten oder Untaten, sondern unterscheide die *Person* von ihren *Werken*! Denn wer einen Menschen mit seinen Taten oder Untaten identifiziert, der legt ihn auf seine Vergangenheit fest und zerstört seine Zukunft. Wer aber die Person von ihren Taten unterscheidet, der achtet die unverlierbare Würde des anderen und hält ihm seine Zukunft offen. (Der Mensch ist mehr als sein Schulzeugnis. Der Mensch ist mehr als seine Akte. Der Mensch ist mehr als das Dossier des Verfassungsschutzes.)

4. Verstehe die Werke, Leistungen und Handlungen der anderen als *Lebensäußerungen* der menschlichen Person in Freiheit und setze sie nicht unter Erfolgszwang und Existenzangst! Wer Schulkinder und seine eigenen Kinder mit schlechten Noten bedroht, damit sie aus Angst arbeiten, richtet in Kindern mehr Böses an, als diese durch Leistungen wiedergutmachen können.

5. Entdecke im Religionsunterricht die *humane Identität* im Glauben, die von Erfolgsangst und Leistungsidentität befreit, und übe sie gemeinschaftlich ein! Religionsunterricht ist nicht die Sozialisation von Kindern in die bürgerliche Religion dieser unheiligen Leistungsgesellschaft. »Christentum ist die Religion der Freiheit.« Darum ist christlicher Unterricht Vermittlung von Freiheitserfah-

rung. Dazu gehören neben kognitiven auch die musischen Elemente.

6. Angenommen von deinem Gott und befreit von sozialem Leistungsdruck und deiner eigenen Erfolgsangst, widerstehe der Fixierung der gesellschaftlichen Öffentlichkeit auf die *pubertäre Leistungsidentität*!

Du hast die Freiheit, Kind zu sein; die Freiheit, alt zu werden; die Freiheit, schwach und behindert zu sein! Arbeite daran, daß diese Gesellschaft endlich erwachsen wird und die verschiedenen menschlichen Identitäten gleichermaßen anerkennt. Dann mag auch die pubertierende Leistungsidentität ihr zeitlich begrenztes, relatives Recht bekommen – als eine Durchgangsstufe.

Befreiung der Unterdrücker

»Das Evangelium im Kampf gegen das Unmenschliche. Was hoffen und bekennen wir?« – Diese Themenstellung ist aktuell und klingt doch noch sehr allgemein. Man fühlt sich betroffen und kennt doch die Front nicht, an die einen das Evangelium Jesu zum Kampf gegen das Unmenschliche ruft. Die Front, an der zerstörte Menschenwürde aufgerichtet und verletzte Menschenrechte wiederhergestellt werden, ist auch nicht für alle Menschen gleich. Ohne irgend jemanden anklagen oder belehren zu wollen, möchte ich von der Front berichten, an der ich diesen Kampf des Evangeliums zur Zeit am stärksten erkenne und erfahre. Es ist das Meer des Hungers und der Unterdrückung des Menschen in der »Dritten Welt«. Es sind die Inseln des Wohlstands und der gesicherten Freiheit in der »Ersten Welt«. Und das ist die erschreckende Diskrepanz zwischen diesen beiden Seiten unserer geteilten Welt.

Ich war in den letzten Jahren in Lateinamerika, Südafrika und Indien und bin von jeder Reise nachdenklicher und bedrückter zurückgekommen: Wieviel politische Unterdrückung, wieviel ökonomische Ausbeutung, wieviel kulturelle Entfremdung geht von der »Ersten Welt« auf die Völker der »Dritten Welt« aus und wird von uns oft ungewollt unterstützt! Müssen wir also nicht bei uns selbst anfangen und zuerst das Evangelium den

Kampf gegen das Unmenschliche bei uns beginnen lassen? Wie können wir hoffen und bekennen, wenn nicht unser alltägliches, persönliches und soziales Leben vom Evangelium unterbrochen wird und wir die Chancen unserer Umkehr in die Freiheit erkennen?

Das Wort für Unmenschlichkeit heißt in der »Dritten Welt« Unterdrückung, und das Wort der Hoffnung auf Menschlichkeit heißt Befreiung. Was immer wir von der gedruckten Theologie der Befreiung halten, wenn wir den Schrei aus der Tiefe nicht hören, der sich an uns und auch gegen uns richtet, dann, fürchte ich, verstehen wir nicht, was die Stunde geschlagen hat.

Gewöhnlich sehen wir uns selbst mit unseren eigenen Augen, und wir sehen uns so, wie wir uns gefallen. Wie aber erscheinen wir in den Augen der hungrigen Kinder Indiens, der unterdrückten Massen Lateinamerikas? Wer sich davon erschreckt fühlt, der fragt: Brauchen nicht auch wir Befreiung, Befreiung von den Unmenschlichkeiten, die von uns und unseren Ländern ausgehen? Wer Unbehagen am Zustand dieser geteilten Welt spürt und mit anderen Menschen zusammen in Freiheit leben möchte, der ist eingeladen, die Chancen seiner Umkehr ein Stück weit zu bedenken.

I. Die zwei Seiten der Unterdrückung

Die Unterdrückung von Menschen durch Menschen ist ein Verbrechen gegen das Leben. Denn Leben heißt: »Liebe deinen Nächsten wie dich selbst« (3.Mose 19, 18; Matth. 22, 39). Unterdrückung von Menschen durch Menschen bedeutet Trennung von Gott: »Denn wer seinen Bruder nicht liebt, den er sieht, wie kann er Gott lieben, den er nicht sieht?« (1. Johannes 4, 20).

Unterdrückung hat immer zwei Seiten: Auf der einen Seite steht der Herr, auf der anderen der Sklave. Auf der einen Seite steht der Ausbeuter, auf der anderen sein Opfer. Der Unterdrücker wird unmenschlich, der Unterdrückte wird entmenschlicht. Unterdrückung zerstört also die Menschlichkeit auf beiden Seiten, aber auf verschiedene Weise: auf der einen Seite durch das Böse, auf der anderen Seite durch das Leiden.

Weil Unterdrückung diese zwei Seiten hat, darum muß auch der Prozeß der Befreiung auf beiden Seiten einsetzen: Die Befreiung der Unterdrückten vom Leiden an der Unterdrückung geht zusammen mit der Befreiung der Unterdrücker von der Sünde der Unterdrückung. Sonst gibt es keine Befreiung zur Freiheit. Denn das Ziel kann kein anderes sein als die angstfreie, offene Gemeinschaft von Menschen, in der es keine Unterdrücker und keine Unterdrückten mehr gibt. Die Befreiung der Unterdrückten ist eine moralische Pflicht und in vielen Situationen selbstevident, jedenfalls für die Unterdrückten. Die Befreiung der Unterdrükker ist jedoch in den meisten Fällen nicht selbstevident, jedenfalls nicht für die Unterdrücker, die Gewinn aus der Unterdrückung ziehen. Sie sind blind: Sie sehen die Leiden ihrer Opfer nicht, die sie verursachen. Sie sind verblendet: Sie rechtfertigen ihre Herrschaft mit vielen Gründen. Die Befreiung der Unterdrücker ist darum eine jeden guten Willen übersteigende Erfahrung der Umkehr aus dem Tod ins Leben: Der Herr muß sterben, damit der Bruder geboren werden kann.

Die uns bekannten »Theologien der Befreiung« sind ausnahmslos Theologien der »Befreiung der Unterdrückten«, seien sie schwarze, feministische oder sozialistische Theologien. Sie bringen in ihren besten Teilen den Glauben der Opfer zum Ausdruck und erwecken ihre Hoffnung. Es versteht sich deshalb von selbst, daß sie »einseitig« sind. Es versteht sich auch von selbst, daß für sie das Problem des Bösen, die Frage von Schuld und Versöhnung hinter der Analyse des Elends und dem Aufschrei der unschuldig Leidenden zurücktritt.

Es ist aber zu beklagen, daß es noch keine Theologie der Befreiung auf der anderen Seite der Unterdrückungen gibt. Daß wir uns von den schwarzen, den feministischen und den sozialistischen Befreiungstheologen erschrecken oder sogar nur unterhalten lassen und auf ihren Druck hin tolerant und benevolent werden, ist ein Ausdruck von Verstockung, nicht von Intelligenz. Der Grund liegt wohl darin, daß wir Glieder der weißen, männlichen Welt der Mittelklassen zwar die Befreiung der anderen anerkennen möchten – warum auch nicht? –, aber nicht uns selbst als ihre »Unterdrükker« erkennen wollen. Wir haben guten Willen, aber noch keine Einsicht gezeigt. Wir wollen liberal sein und versäumen gerade damit unsere eigene Befreiung. Wer aber Unterdrückten zur Freiheit verhelfen will, muß bei sich selbst anfangen: Er muß aufhören, ihr Unterdrücker zu sein. Er muß sich selbst befreien. Das ist überhaupt keine Sache der Anklage und des schlechten Gewissens, das sich erpressen läßt. Es ist die Frage nach der Umkehr zur eigenen Zukunft, der Befreiung zur eigenen Menschlichkeit.

Weil die meisten Menschen sowohl unterdrückt sind wie ihrerseits an der Unterdrückung anderer Menschen teilnehmen, also »unterdrückte Unterdrücker« sind, ist es wichtig, die Befreiung auf beiden Seiten der Unterdrückung zu erkennen.

II. Phänomene der Unterdrückung – Formen der Selbstgerechtigkeit

Wir beginnen mit einer Analyse der schwerwiegendsten Formen der Unterdrückung heute und blicken dabei nicht auf die Unterdrückten, sondern auf die Unterdrücker. Warum unterdrücken sie? Wie unterdrücken sie? Wir behandeln exemplarisch die Phänomene des *Rassismus*, des *Sexismus* und des *Kapitalismus*, um nach der Ursache für diese Phänomene der Unmenschlichkeit zu fragen. Andere Formen der Unterdrückung durch den totalitären Staat, durch ideologischen Terror usw. sind damit nicht ausgeschlossen, im Gegenteil.

1. *Rassismus:* Unter Rassismus verstehen wir – der Definition der UNESCO und der Weltkirchenkonferenz von Uppsala 1968 folgend – »den ethnozentrischen Stolz auf die eigene rassische Gruppe, die Bevorzugung der besonderen Merkmale dieser Gruppe, die Überzeugung, daß diese Merkmale grundsätzlich biologischer Art sind, negative Empfindungen gegenüber anderen Gruppen, verbunden mit dem Drang, andersrassische Gruppen zu diskriminieren und von der vollen Teilnahme am Leben der Gemeinschaft auszuschließen«.

Diese Definition ist in der Aufzählung jener Verhaltensweisen, die »rassistisch« zu nennen sind, umfassend, aber gewiß nicht vollständig. Worauf es ankommt, ist jedoch bei jeder einzelnen Bestimmung dieser Definition klar erkennbar: Die Merkmale der eigenen Rasse werden mit dem Menschsein selbst identifiziert: z.B. »Menschsein heißt Weißsein«. Menschen anderer Rassen werden deshalb als »Untermenschen« angesehen, als Menschen minderen Wertes und geringerer Fähigkeiten: Sie »stammen von Affen ab«, sagte man früher. Sie sind »unterentwickelt«, sagt man heute. Die Merkmale der eigenen Rasse werden zur Selbstrechtfertigung verwendet. Das Selbstwertgefühl wird auf die eigene Hautfarbe gegründet. Durch die eigene Rasse wird das Recht zur Vorherrschaft legitimiert: Die nordische oder die weiße Rasse ist zur Herrschaft über die »Mischvölker« oder »Sklavenvölker« oder »unterentwickelten« Völker bestimmt. Eigene Identität wird im Rassismus immer durch die Diskriminierung anderer Rassen definiert. Denn rassistische Identität ist eine negative, verkrampfte, aggressive Identität.

Noch nicht gemeingefährliche Formen dieses Rassismus kann man in allen Völkern und Bevölkerungsschichten beobachten: Gruppenegoismus und Furcht vor Fremden gibt es überall. Dieser latente Rassismus wird aber dort gemeingefährlich, wo das in ihm aufgestaute Angst- und Aggressionspotential zum Aufbau von Herrschaftssystemen für die Unterdrückung, Versklavung und Ausbeutung von Menschen anderer Rassen verwendet wird. Dann ist Rassismus nicht einfach ein Gruppenphänomen, sondern ein Mittel der psychologischen Kriegführung der Herrschenden gegen die Beherrschten. Dann werden Menschen anderer Rassen in niedere Kasten verbannt wie im alten Indien. Als »Menschen zweiter Klasse« werden ihnen fundamentale Menschen- und Bürgerrechte vorenthalten wie in Südafrika. Als Wanderarbeiter werden sie zur dauernden Abhängigkeit verurteilt wie doch auch bei uns. Die Superioritätsgefühle der herrschenden Rasse erzeugen nur zu leicht Inferioritätsgefühle in den beherrschten Rassen.

In seiner konkreten Gestalt hat Rassismus immer zwei Seiten, eine innere und eine äußere: Er ist ein seelischer Mechanismus der Selbstgerechtigkeit und ein ideologischer Mechanismus der Unterwerfung anderer Menschen. Er kann darum nur überwunden werden, wenn 1. Menschen die rassistische Identifikation ihres Menschseins aufgeben und zu einer nichtaggressiven Identität »als Mensch« finden und wenn 2. eine »Umverteilung der Macht« von den Mächtigen auf die Machtlosen und von den Herrschenden auf die Unterdrückten allen gerechterweise die ökonomischen, rechtlichen und politischen Chancen zur Verwirklichung ihres Menschseins gibt.

Der Rassist zeigt einen übermenschlichen Stolz und ist doch in Wahrheit von einer unmenschlichen Angst besessen. Wer Menschsein mit Weißsein identifiziert, zerstört sich selbst. Und weil er seine Angst ständig in Aggressionen gegen andere umsetzt, zerstört er die Gemeinschaft mit ihnen. Er sieht in dem anderen Menschen nur die andere Rasse, nicht in der anderen Rasse Menschen wie er selbst. Seine Verachtung, Beleidigung und Erniedrigung anderer ist im Grunde Selbsthaß. Woher kommt dieser unmenschliche Selbsthaß?

2. *Sexismus:* Unter maskulinem »Sexismus« verstehen wir die Herrschaft des Mannes über die Frau aufgrund von Privilegien, die er in seiner Männlichkeit sieht. Der Rassismusdefinition analog ist der männliche Sexismus zu begreifen als ein maskuliner Stolz auf das eigene Geschlecht, die Bevorzugung der besonderen Merkmale dieses männlichen Geschlechts in der Kultur, die Überzeugung, daß diese Merkmale grundsätzlich biologischer Natur und deshalb Schicksal sind, verbunden mit der Herabsetzung der Frau zum »schwächeren Geschlecht«, der Unterbewertung vermeintlich »weiblicher« Eigenschaften im öffentlichen Leben und dem Ausschluß der Frau von der vollen Teilnahme am Leben der Gesellschaft.

Aus dem männlichen Sexismus ist das Patriarchat entstanden. Und mit dem Patriarchat beginnt offenbar »die Geschichte«, sofern wir unter »Geschichte« den »Kampf um die Macht« verstehen. Darum werden frühere matriarchalische Kulturen gern »prä-historisch« genannt. Das ist auch richtig. Ihnen war der »Kampf um die Macht« offenbar fremd. Das Patriarchat aber war von Anfang an aggressiv. »Männer machen Geschichte«, heißt es. Die »Totenfelder der Geschichte« sehen auch danach aus; leider!

Der judaeo-christliche Kulturbereich ist stark patriarchalisch bestimmt. Nach dem 10. Gebot gehört das Weib zum Eigentum des – offensichtlich männlichen – Nächsten, nach welchem der andere – doch wiederum ein Mann – sich so wenig gelüsten lassen soll wie nach dessen »Haus, Knecht, Magd, Ochsen oder Esel«. Das ist für die Frau als Mensch und Gottes Ebenbild nicht gerade schmeichelhaft. Zwar wurde nach der Priesterschrift (Gen. 1) der Mensch als Gottes Ebenbild »männlich und weiblich« erschaffen, denn Gott ist nicht Mann noch Frau. Er hat sowohl männliche wie weibliche Eigenschaften. Sonst wären nicht Mann und Frau gemeinsam sein Ebenbild. Aber diese Erinnerung an die ursprünglich gleiche Würde wurde sogleich wieder verdunkelt: Die Frau wurde als zweite geschaffen und fiel als erste in Sünde. Zur Strafe soll sie deshalb »unter Schmerzen Kinder gebären«, »Verlangen nach dem Mann haben«, und »er soll dein Herr sein« (Gen. 3, 16). Damit wird auf mythische Weise begründet, daß der Mann zur Herrschaft und Führung über die Frau vor Gott und der Welt bestimmt und die Frau zur Unterwerfung und Abhängigkeit in jeder Hinsicht verurteilt ist. Was liegt hier vor?

Hier werden die Merkmale des männlichen Geschlechtes zur Selbstgerechtigkeit verwendet: Volles Menschsein heißt Mannsein. Die Frau wird als Mensch minderen Ranges angesehen und für ein Wesen geringerer Fähigkeiten gehalten. Die angeblich »weiblichen« Eigenschaften werden in der aggressiven Kultur des Mannes unterbewertet. Durch das eigene Geschlecht wird die Vorherrschaft des Mannes über die Frau legitimiert. Sie ist nur »die Mutter *seiner* Kinder«.

Auch im männlichen Sexismus wird die eigene Identität immer durch Diskriminierung des anderen Geschlechts definiert. Sexistische Identität ist eine negative, aggressive Identität: Der Mann definiert sich dadurch, daß er »keine Frau« ist und sich auch nicht »verweiblichen« läßt, wie man in Männerbünden und Militärkasernen sagte, die Weiblichkeit mit Weichlichkeit gleichsetzten.

Auch der Sexismus ist mehr als ein Gruppenphänomen: Auch er ist ein Mittel der psychologischen Kriegführung der herrschenden Männer gegen die beherrschten Frauen. Die maskulinen Superioritätsgefühle erzeugen darum beständig weibliche Inferioritätskomplexe, damit die Abhängigen ihre Abhängigkeit als gottgewollt und naturgegeben hinnehmen und sich darin bescheiden.

In seiner konkreten Gestalt hat der männliche Sexismus wieder zwei Seiten, eine innere und eine äußere: Er ist ein seelischer Mechanismus der Selbstgerechtigkeit und ein ideologischer Mechanismus der Unterwerfung und Ausnutzung des anderen Geschlechts. Er kann deshalb nur überwunden werden, wenn 1. Männer die sexistische Borniertheit ihres Mannseins aufgeben und eine nichtaggressive Identität »als Mensch« finden und wenn 2. eine »Umverteilung der Macht« Männern und Frauen gleichermaßen die ökonomischen, rechtlichen, sozialen und politischen Chancen zur Verwirklichung ihres Personseins und ihrer »menschlichen« Gemeinschaft miteinander gibt.

Der männliche Sexismus, den wir hier Maskulinismus genannt haben, ist Selbstgerechtigkeit zwecks Selbstbehauptung und Selbstbehauptung zwecks Herrschaft. Der übermenschliche Männerstolz ist aber in Wahrheit nichts anderes als Ausdruck einer ganz unmenschlichen Angst. Weil er seine Angst vor sich selbst durch Aggression gegen die Frau kompensiert, zerstört er die humane Gemeinschaft von Mann und Frau. Auch männlicher Sexismus ist im Grunde Selbsthaß. Woher kommt dieser Selbsthaß?

3. *Kapitalismus:* Was die Entstehung des Kapitalismus für die Verelendung des Proletariats bedeutet hat, ist oft genug dargestellt worden. Wir fragen hier nach der anderen Seite, nach der selbstverschuldeten Verelendung der Mittelklasse. Denn »die besitzende Klasse und die Klasse des Proletariats stellen dieselbe menschliche Selbstentfremdung dar« (*Marx,* Frühschriften, 317), aber »die erste Klasse fühlt sich darin wohl und bestätigt, weiß die Entfremdung als ihre eigene Macht. Sie besitzt den Schein einer menschlichen Existenz. Die unterworfene Klasse aber fühlt sich in der Entfremdung vernichtet und erblickt in ihr die Wirklichkeit einer unmenschlichen Existenz.«

Max Weber hat jenen »Geist des Kapitalismus« und seine religiösen Wurzeln ausführlich beschrieben. Die Selbstentfremdung des Bürgertums liegt in der religiösen Vergötzung von Beruf, Arbeit, Leistung, Erfolg und Eigentum und in der Selbstaufopferung an sie. Sie liegt in der modernen Werkgerechtigkeit dieser »innerweltlichen Asketen«. Wer unter den Zwang dieser Werkgerechtigkeit gerät, wird zum »Unmensch ohne Rast und

Ruh«. *Max Weber* zitiert dafür einen deutschen Immigranten, der seinen Yankeeschwiegervater in Ohio so beschreibt: »Könnte der Alte nicht mit seinen 75000 Dollars jährlich sich zur Ruhe setzen? Nein, die Warenhausfront muß nun auf 400 Fuß verbreitert werden. Warum? That beats everything, meint er. Abends, wenn Frau und Töchter gemeinschaftlich lesen, sehnt er sich nach dem Bett. Sonntags sieht er alle 5 Minuten nach der Uhr, wann der Tag zu Ende sein wird: – so eine verfehlte Existenz« (Gesammelte Aufsätze zur Religionssoziologie, I, 204 Anm.). Dies Urteil ist wahr: Der erfolgsbesessene Aktivist, der sich durch Leistung beweisen und rechtfertigen muß, verfehlt sein Leben. Der bürgerliche Individualismus ist seit dem 17. Jahrhundert ein »possessiver Individualismus« *(C. B. McPherson)*: Das Subjekt wird als Eigentümer, nicht mehr als Glied seiner Gemeinschaft aufgefaßt. Soziale Sicherheit gründet dann nicht mehr in der Gemeinschaft, an der einer teilnimmt, sondern auf dem Privateigentum, das einer besitzt.

Lange vor *Marx* und *Weber* hatte *Martin Luther* in seinem Großen Katechismus den Kapitalismus als einen besonders abscheulichen Götzendienst, nämlich als Mammonismus, kritisiert. *Luther* geht von der anthropologischen Grundstruktur des Glaubens aus: »Einen Gott haben nichts anderes ist, denn ihm von Herzen trauen und glauben, wie ich oft gesagt habe, daß allein das Trauen und Glauben des Herzens machet beide Gott und Abgott. Ist der Glaube und Vertrauen recht, so ist auch dein Gott recht, und wiederum, wo das Vertrauen falsch und unrecht ist, da ist auch der rechte Gott nicht. Denn die zwei gehören zuhaufe, Glaube und Gott. Worauf du nun dein Herz hängest und verlässest, das ist eigentlich dein Gott . . . Es ist mancher, der meint, er habe Gott und alles genug, wenn er Geld und Gut hat, verläßt und brüstet sich darauf so steif und sicher, daß er auf niemand nichts gibt. Siehe, auch dieser hat einen Gott, der heißt Mammon, das ist Geld und Gut, darauf er all sein Herz setzet, welchs ist der allergemeinste Abgott auf Erden . . .«

Wer unter den Zwang des Mammonismus / Kapitalismus gerät, wird in mehrfacher Hinsicht von seinem Selbst entfremdet.

1. Er wird gezwungen, sich selbst durch Arbeit, Leistung, Profit und Fortschritt ständig zu rechtfertigen: Der Mensch ist das, was er leistet. Er produziert nicht mehr, um seine Bedürfnisse zu befriedigen, sondern befriedigt seine Bedürfnisse, um immer mehr zu produzieren. Er wird nach seiner Leistung und seinem Besitz beurteilt und bewertet: von der Schule bis zur Rente. Dieser Zwang zur ständigen Selbstrechtfertigung durch Werke zerstört jedes Vertrauen auf menschliches Sein. Damit werden schon Kinder so erniedrigt: »Arbeite, damit du ein Erfolg wirst. Denn an sich bist du nichts.«

2. Angehäufter Reichtum ist potentielles, aber unverbrauchtes Leben. Diese Anhäufung von Möglichkeiten stellt uns den »Schein menschlicher Existenz« dar, aber nicht ihre Wirklichkeit. Weil diese Möglichkeiten nur auf Kosten der Wirklichkeit angehäuft werden können, darum betrügt der gesammelte Reichtum den Menschen um das gelebte Leben.

3. Reichtum isoliert. Sofern die besitzenden Klassen sich nur auf Kosten der arbeitenden Klassen behaupten und bereichern können, zerstört der Kapitalismus die Gemeinschaft der Menschen untereinander. Die Gesellschaft wird in Klassen aufgespalten. Die herrschenden Klassen leben im

permanenten Bürgerkrieg gegen die unterworfenen, zur Lohnarbeit gezwungenen Klassen. Selbst in den herrschenden Klassen spaltet das Konkurrenzprinzip die Menschen voneinander und erregt sie gegeneinander. Reichtum isoliert die Gruppen und vereinsamt zuletzt das Individuum, das sich dann gegen eine prinzipiell feindliche Welt behaupten muß. Diese Ökonomie der Angst hat niemals für alle genug. Der Zwang zum Wachstum produziert ständig Mangel.

Kapitalismus hat eine ähnliche Struktur wie Rassismus und Sexismus und sieht doch anders aus. Während im Rassismus die eigene Rasse und im Sexismus das eigene Geschlecht zur Begründung von Selbsteinschätzung und Selbstgerechtigkeit mißbraucht werden, ist es im Kapitalismus das aus eigener, meistens jedoch fremder Arbeit angehäufte Kapital. Arbeit und Kapital sind nicht wie Rasse und Geschlecht begrenzt, sondern grundsätzlich grenzenlos, das heißt imperialistischer Natur. Als Arbeitskraft kann jeder Mensch – ob schwarz oder weiß, alt oder jung, männlich oder weiblich, religiös oder atheistisch – ausgebeutet werden. Alle Völker können zu Konsumsklaven von Coca-Cola gemacht werden. Durch die Anhäufung und zinsbringende Investition von Kapital wird ferner Macht akkumuliert, was durch bloßen Rassismus oder Sexismus noch nicht geschieht. Darum werden Rassismus und Sexismus heute erst in ihrer Kombination mit Kapitalismus gemeingefährlich, so wie sie früher durch die Verbindung mit Kastenherrschaft und Feudalismus gefährlich wurden. Kapitalismus ist die unbegrenzte, permanente Steigerung von Macht und darum auch der unablässige Kampf um Herrschaft. Die Aggressivität, die er freisetzt, um seine Welt zu bauen, muß – folgt man der Aggressions-Angst-These – ihre Quelle in einer bodenlosen Angst haben, die er voraussetzt und verbreitet. Der sogenannte real existierende Sozialismus stellt keine Alternative dar, denn sein Leistungsethos und sein Machtstreben sind nicht anders. Ist es so, dann muß die moderne Produktionsweise als eine – vermutlich die letzte – Gestalt des menschlichen Selbsthasses angesehen werden. Denn zum ersten Mal in der Geschichte liegt das Potential der Selbstzerstörung und der Zerstörung der Erde in der Hand des entfremdeten, verunglückten Menschen. Das macht die Situation so gefährlich. Woher dieser Selbsthaß?

III. Die Ursache: verunglückte Liebe zu Gott

Wir haben die Phänomene des Rassismus, des Sexismus und des Kapitalismus als Phänomene der Aggression beschrieben. Wir haben als Wurzel der Aggressionen die Angst gefunden und im Herzen der Angst den Zwang zur Selbstbehauptung. Wir fragen nun weiter nach der Ursache für diese verkrampfte Existenz. Gewöhnlich begnügt man sich mit der soziologischen und psychologischen Analyse des Elends und verurteilt die rassistische, die sexistische und die kapitalistische Aggression gegen den Menschen im Namen der Opfer. Die moralische Verurteilung bleibt jedoch oberflächlich, wenn sie nicht die zwanghaften Formen des Handelns erkennt, denen eine verfehlte Existenz verfällt. Es gibt einen Streit zwischen den Befreiungstheologien über die »Wurzel alles Übels«, denn nur wer das Böse an der Wurzel packt, ist im wörtlichen Sinne »radikal«. Wer aber den Kapitalismus oder den Sexismus für die Wurzel allen Übels hält, findet deren Wurzel nicht. Er kann nicht erklären,warum denn Menschen zur kapitalistischen Aggression antreten oder warum denn Männer Frauen erniedrigen. Die Säkularisierung der Lehre von der Ursünde führt in die Irre: Phänomene werden metaphysisch gedeutet, und ihre Beseitigung wird zur Utopie gemacht. Das aber führt nur dazu, einen Teufel mit einem anderen auszutreiben, zum Beispiel Ausbeutung durch Diktatur.

Die christliche Theologie hat seit *Paulus* und *Augustin* die Phänomene des Bösen auf den Ursprung der Sünde zurückgeführt: Die vielfältigen Tatsünden wurzeln in der einen Sünde des verfehlten Daseins. Diese ursprüngliche Sünde ist transmoralischer Natur, denn sie betrifft das Sein des Menschen, seine Vitalität, seine psychische Energie, sein elementares Leben: ihn selbst. Und weil das Sein stets dem Handeln vorangeht, ist diese Verfehlung des Daseins auch die Ursache für die vielen Verfehlungen des Tuns und des Unterlassens.

In der christlichen Lehre von der ursprünglichen Sünde finden sich vier Dimensionen, die nicht übersehen werden dürfen: 1. Der Mensch *hat* nicht nur Sünden, er *ist* ein Sünder. 2. Sünde ist kein moralischer Fehler, sondern ein Zwang, eine Knechtung des Willens. 3. Dies verfehlte Dasein ist universal. 4. Die Lehre von dem Bösen als Sünde ist eine Lehre der Hoffnung: Sünde ist nicht des Menschen Schicksal, sondern seine Geschichte. Sie ist darum überwindbar. Sünde gehört weder in die Moral noch in die Tragödie. Wohin aber gehört sie dann?

Ursprüngliche Sünde ist verunglückte Liebe zu Gott. Diese Antwort Augustins ist theologisch und psychologisch zutreffend. Sie bedeutet theologisch: Der Mensch ist auf Gott hin geschaffen. Sein ganzes Wesen ist leidenschaftliche Sehnsucht. Gott ist das Glück des Menschen, und die grenzenlose

Liebe des Menschen ist die Freude Gottes. Wird diese Liebe von Gott abgezogen und auf nicht göttliche Wesen oder Dinge gerichtet, dann entsteht das Unglück: Endliche Dinge können seine unendliche Liebe nicht befriedigen. Seine unendliche Liebe zerstört die endliche Schönheit der Dinge. Aus der Liebe, die Gott verlor, wird eine unstillbare und darum alles zerstörende Sucht, Herrschsucht und Besitzgier. Liebe, die keine Erfüllung finden kann, verkehrt sich in Angst. Liebe, die in ihrer Erwartung enttäuscht wird, verkehrt sich in Zerstörungswut. Darin kommt der Zorn Gottes, das ist die verschmähte Liebe Gottes, zum Ausdruck, nicht als moralische Bestrafung, sondern als Verlassenheit: »und Gott gibt sie dahin« an ihren verkehrten Sinn (Röm. 1, 24. 26. 28). Schuld und Gericht fallen in der Geschichte zusammen: Menschen, die Gott verlassen, werden von Gott verlassen, und der verlassene Gott macht sich durch seine Abwesenheit schrecklich bemerkbar. Darum wird die verunglückte Gottesliebe in der Welt zur unglücklichen Gier, die Tod verbreitet. Verunglückte Liebe ist der Terror im Terrorismus der Geschichte.

Daraus folgt psychologisch, daß das Wesen des geschichtlichen Menschen eine Leidenschaft nach Liebe ist. »In den Augen aller Menschen wohnt eine unstillbare Sehnsucht.« Angst und Aggression, die des Menschen Geschichte beherrschen, sind Formen dieser Liebe. »Um dieser Liebe willen werden alle Verbrechen begangen und alle Kriege gekämpft, ihretwillen lieben und hassen die Menschen . . . Der unstillbare Hunger der Diktatoren nach Macht und Geld und Besitz ist in Wahrheit Liebe zu Gott« (*Ernesto Cardenal*, Das Buch der Liebe). Sünde ist nichts anderes als die Perversion der Gottesliebe. Darum ist der Hunger nach Macht unstillbar. Darum ist der Wille zur Erniedrigung anderer grenzenlos. Verlassene Liebe wirkt tödlich. Man muß diese religiöse Dimension in den Phänomenen der Unmenschlichkeit erkennen, sonst versteht man die gewalttätige Leidenschaft nicht, die in ihnen steckt.

IV. Die Befreiung der Unterdrücker

Handelt der Unterdrücker unter Zwang, hat der Sünder seine Freiheit verloren, dann helfen ihm moralische Anklagen und Appelle nicht. Sein Verhältnis zum Grund seiner Existenz, zu dem verlassenen Gott, muß sich ändern. Es kann aber nur von diesem Grund selbst her, von Gott her, anders werden. Es ist von Gott her anders geworden. Denn »Gott war in Christus und versöhnte die Welt mit sich selbst« (2. Kor. 5, 19).

Die christliche Botschaft verkündet Befreiung von diesem Grund her: In der messianischen Sendung, in der Hingabe, im Leiden und Sterben Jesu offenbart sich nach dem Neuen Testament die Menschlichkeit Gottes: Gott erniedrigt sich selbst, läßt sich verwunden, zieht die tödliche Aggression auf sich und wird selbst zum Opfer, um den Unterdrücker vom Zwang der Erniedrigung zu befreien. In der Auferweckung des gekreuzigten Jesus vom Tod in das kommende Reich Gottes offenbart sich nach dem Neuen Testament die Göttlichkeit des Menschen, der von Sünde und Leiden befreit wird und jene angstfreie Gemeinschaft bildet, in der es keine Herren und keine Knechte mehr gibt (Gal. 3,28).

Luther hat die Befreiung der Unterdrücker so formuliert: »Durch die Herrschaft seiner Menschlichkeit oder seines Fleisches, die im Glauben wirkt, macht er uns sich gleichförmig und kreuzigt uns und macht uns aus unglücklichen und stolzen Göttern zu wahren Menschen, das heißt: zu Armen und zu Sündern. Weil nämlich wir in Adam zur Gottähnlichkeit aufgestiegen sind, deshalb stieg er in unsere Ähnlichkeit hinab, um uns zur Selbsterkenntnis zu bringen. Das ist das Reich des Glaubens, in welchem das Kreuz herrscht: die Göttlichkeit, die wir perverserweise anstreben, wird verworfen, und die Menschlichkeit und die Verwundbarkeit des Fleisches, die wir perverserweise verlassen, wird uns zurückgegeben« (übersetzt nach WA 5, 128f.).

Die Menschwerdung der Unterdrücker geschieht durch den Glauben. Durch den Glauben entdeckt der Unterdrücker den menschgewordenen Gott und entdeckt in ihm jene Menschlichkeit, die er an sich selbst und anderen verfolgte, unterdrückte und zerstörte. Er entdeckt sich selbst im Gekreuzigten: Ecce homo! Er entdeckt den Gott, den er verzweifelt liebt, in den Opfern, die er aus Haß unterdrückt und tötet. Der Gekreuzigte wird für ihn zur Wahrheit des Menschen in einer unmenschlichen Welt. Der Gekreuzigte wird für ihn zur Wahrheit Gottes in einer gottlosen Welt. In diesem Schmerz Gottes am Kreuz endet des Sünders Aggression. In diesem Leiden Gottes wird die göttliche Liebe zum verunglückten Geschöpf offenbar. In diesem Opfer Gottes wird die Rechtfertigung dem ungerechten Menschen umsonst zuteil.

Die Geschichte des Kampfes der Menschen um die Macht ist zugleich die Leidensgeschichte Gottes. Der verzweifelte Kampf um die Macht endet in dem Maße, wie Menschen das unendliche Leiden Gottes erkennen, das sich in ihren Opfern ansammelt. Sie werden durch diese Erkenntnis frei von Angst und vom Zwang zur Aggression. Sie werden ergriffen von der göttlichen Leidenschaft, die dieses Leiden trägt. Diese Leidenschaft ist göttliche Liebe zur Gemeinschaft mit dem Menschen. So wahr die Geschichte von seiten des Menschen die Geschichte von Klassen-, Rassen- und Machtkämpfen ist, so viel wahrer ist es, daß sie die Geschichte der göttlichen Passion ist: die Geschichte des Leidens und der Leidenschaft Gottes für die Freiheit des Menschen und seine ungehinderte Gemeinschaft mit der ganzen Schöpfung.

V. Der Exodus der Unterdrücker

Wer befreit ist, zieht aus seinem Gefängnis aus, sonst bleibt der Ruf in die Freiheit ohne Antwort. Für wen Gott im Kreuz Christi gelitten hat, wen er durch sein Gericht begnadet und in seinem Dasein gerechtfertigt hat, der stirbt seiner bisherigen Lebenswelt ab. Er »verläßt alles« und »folgt ihm nach« wie die Jünger. Er kann sich nicht mehr dem »Schema dieser Welt gleichstellen« (Röm. 12, 1). Er ist für die Anforderungen und Belohnungen der Welt der Unterdrücker »tot«. Darum anerkennt er die Gesetze und die Versprechungen der Unterdrückung nicht mehr. Dies aber bedeutet, daß einer »sein Kreuz« auf sich nimmt.

Am Kreuz Christi stirbt er dem Rassismus ab. Am Kreuz Christi stirbt er dem Maskulinismus ab. Am Kreuz Christi stirbt er dem Kapitalismus ab. Der neue, der freie Mensch wird geboren. Er identifiziert sich »als Mensch« und verläßt die fixierten, bornierten Identifikationen seiner Rasse, Klasse etc. Er ist »gerecht allein aus Glauben« und nicht mehr aus Rasse, Klasse, Geschlecht, Leistung oder Eigentum!

Was der Glaubende dann tut, ist nach den Maßstäben des Rassismus »Rassenschande«. Was er will, ist nach den Maßstäben des maskulinen Sexismus »feminin«. Was er öffentlich praktiziert, ist nach den Gesetzen des Kapitalismus »Klassenverrat« und nach den Gesetzen seines Volkes »Volksverrat«. Doch gibt es keine Solidarität mit den Opfern von Rassismus, Sexismus und Kapitalismus ohne »Verrat« an ihren Verrätern. Wer Gemeinschaft mit den Opfern sucht, wird fast unausweichlich zum Feind ihrer Feinde, auch wenn er niemandes Feind sein will. Kommt er aus den eigenen Reihen, wird er zum »Verräter« erklärt. Er wird ein »Fremder im eigenen Volk«. Er geht in das »soziale Niemandsland«. Doch nur durch diese Entfremdung kann er den Unterdrückern die Heimat der Humanität zeigen. Wer in einer rassistischen Gesellschaft, wer in einer patriarchalischen Kultur, wer in einer kapitalistischen Ökonomie »seine Welt« zugunsten ihrer Opfer preisgibt, bezeugt die Liebe Gottes, lebt in der Nachfolge Christi, verbreitet die Hoffnung, arbeitet für das Leben gegen den Tod.

Der Weg der Nachfolge führt in die Selbstverleugnung, in das Leiden und in die Schande hinein (Mark. 8,34). Um ihres christlichen Glaubens willen haben viele dieses »Kreuz« auf sich genommen. Auch hier geht es um den Glauben selbst und nicht um etwas nur Äußerliches, bloß Politisches. Es geht um die Lebenspraxis des befreienden Glaubens. Aus den Erfahrungen der Nachfolge ein Beispiel:

Als das Deutsche Reich vom kollektiven Rassenwahn beherrscht wurde, wurden die Juden aus dem sozialen Leben ausgeschlossen. Es wurden ihnen ihre Berufe, ihre Rechte, ihr Besitz, ihre Freiheit und zuletzt ihr Leben genommen. Wer mit Juden lebte und Gemeinschaft mit ihnen behielt, wurde der »Rassenschande« angeklagt und erlitt oft genug ein ähnliches Schicksal. Manche gingen freiwillig mit den Juden auf den Weg des Leidens. Sie wurden als »Volksverräter« angeklagt und verurteilt. Immer wieder haben radikale Christen ihre Welt, Klasse und Familie, ihren Stand und ihr Volk verlassen und »verraten«, um die Freiheit Christi zu leben. *Franz von Assisi* verließ seinen Kaufmannsstand, *Leo Tolstoi* seine Adelsprivilegien, *Leonhard Ragaz* Professur und Pfarramt, *Dr. Beyers-Naudé* ging im eigenen Volk in die »Bannung«.

Die Unterdrückung muß auf beiden Seiten zugleich aufgehoben werden. Darum arbeiten befreite Unterdrücker und befreite Unterdrückte zusammen. Für die befreiten Unterdrücker, die »Klassenverräter«, ist dies ein Weg in die Isolation von ihrer sozialen Schicht, ein Weg in die Bedrohung mit Verachtung und »Bannung« und oft genug ein Weg in die Ohnmacht und ins Schweigen. Sie müssen sich darum beständig praktisch fragen, wie weit sie gehen können, welches Risiko sie auf sich nehmen müssen, um Freiheit von Unterdrükkung zu verbreiten, um Gemeinschaft mit den Unterdrückten zu verwirklichen, ohne die Einflußmöglichkeiten zu opfern und sich selbst ins Abseits der Gesellschaft zu manövrieren. Ein einziger wirklicher Schritt vorwärts auf dem Weg der Befreiung zur Gemeinschaft ist besser als der ganze Traum von der »klassenlosen Gesellschaft«. Unrealistischer Radikalismus ist pubertär, ist Einsatz ohne Kontakt mit der Wirklichkeit des Volkes. Die Befreiung vom Gesetz der Rasse, der Klasse, des Geschlechts etc. muß langsam, nachhaltig und wirkungsvoll vollzogen und erlitten werden. Private Reinheit läßt sich auf diesem Wege selten bewahren. Dennoch ist die persönliche Integrität das wichtigste Kriterium für Anpassung und Widerstand.

Gott und Freiheit – Welche Freiheit meinen wir?

I. Der Gott der Befreiung

Dieser Titel »Gott und Freiheit« gefällt keinem. Weder die Frommen noch die Atheisten sind für diese Devise: Gott *und* Freiheit. Die Frommen haben Angst vor der Freiheit: Die Freiheit zerstört die Autorität des Staates, die Freiheit löst das Band der Familie auf, die Freiheit zerbricht das Sittengesetz, die Freiheit treibt die Menschen aus der Kirche. Was darum im Namen der Freiheit beginnt, das endet immer im Terror und im Chaos, sagen sie. Die Atheisten auf der anderen Seite wollen Gott aus der Freiheit verbannen: Entweder gibt es einen Gott, dann ist der Mensch nicht frei, oder der Mensch ist frei, dann darf es keinen Gott geben, so argumentieren sie. »Wenn es keinen Gott gäbe, dann wäre ja alles erlaubt«, befürchtete der fromme *Dostojewski.* »Es ist aber alles erlaubt, der Mensch ist ganz frei«, antwortete der Atheist *Jean-Paul Sartre*, »also gibt es keinen Gott.«

Seit der Französischen Revolution heißt für viele Menschen in Europa das Gebot nicht, »Gott *und* die Freiheit« zu suchen, sondern zwischen Gott und der Freiheit zu wählen. Gott *oder* Freiheit, das ist ihre Frage. Glaube ich an Gott, dann verpflichte ich mich zum Gehorsam gegenüber dem Sittengesetz und der Kirche, also bin ich nicht frei, sondern gebunden. Will ich aber Freiheit, dann muß ich alle

Fesseln brechen, mein Leben selbst in die Hand nehmen und für alle Dinge, die ich tue und die ich glaube, die Verantwortung übernehmen. Glaube ich an die Autorität Gottes, dann bin ich immer auch geneigt, die irdischen Autoritäten der Familie, der Kirche und des Staates anzuerkennen. Will ich aber Freiheit, dann darf ich keine andere Autorität als eben die Freiheit, und was zu ihr führt, anerkennen. »Ni Dieu – ni maître«, sagten darum die Freiheitskämpfer der Französischen Revolution.

Wenn man in dieser Alternative denkt: »Gott *oder* Freiheit«, dann ist logischerweise der Atheismus die ideologische Voraussetzung für die Befreiung von ökonomischer, politischer, kultureller und religiöser Abhängigkeit. Atheismus und nicht die Religion wird dann zum fundamentalen Postulat des mündigen Bürgers, des freien Menschen. Das haben in Europa nicht nur revolutionäre Denker wie *Marx, Bakunin* und *Lenin* behauptet, sondern auch bürgerliche Moralisten wie *Friedrich Nietzsche* und *Nicolai Hartmann.*

Nicht die »betenden Hände« der Frommen in der Kirche, sondern die erhobene und »geballte Faust« auf der Straße wurde zum Symbol des Willens zur Freiheit. Wer soll in den Heiligenkalender, fragte *Marx*: Christus oder Prometheus, der Gottesknecht oder der Kämpfer gegen die Götter?, und er stellte Prometheus als seinen einzigen Heiligen in den Kalender der Revolution. So ist es in vielen Ländern Europas bis heute geblieben: Gott *oder* Freiheit – Freiheit *oder* Gott, das ist die Frage.

Aber ist das wirklich so? Ist diese Alternative nicht schief und falsch? Noch in den bürgerlichen und nationalen Revolutionen des 19. Jahrhunderts verstanden viele Freiheitskämpfer das Christentum als »die Religion der Freiheit«. Der Glaube war für sie der Mut zu einer neuen Gemeinschaft von Menschen ohne Privilegien. Sie wollten die Religion nicht zerstören, sondern benutzen, um die Menschheit zu befreien. Sie träumten von einer freien Kirche in einem »freien Staat«. Die »Religion der Freiheit« zeigte ihnen die Hoffnung auf das »Reich der Freiheit«. Doch die Kirchen – katholische und evangelische – verbündeten sich mit den Mächten der Reaktion. Sie konnten in der Freiheit nur die Erbsünde oder in der Emanzipation nur den Antichristen entdecken. Sie unterdrückten den Traum vom »Reich der Freiheit«, das für alle offen ist, durch eine konservative Ordnungsreligion für »Gott, König, Vaterland« oder »Familie, Gott und Vaterland«. Seitdem ist in vielen Ländern Europas und ebenso in den ehemaligen europäischen Kolonialländern in Lateinamerika und Afrika die christliche Kirche mit der Ordnungsmacht und deren Repressionen verbündet. Die Freiheit aber ging mit dem Atheismus. Noch heute gelten auf der einen Seite Freiheitskämpfer als »Terroristen« und auf der anderen Seite Kirchen als »Repressionsmächte«. In dieser Frontstellung verdirbt aber sowohl der christliche Glaube wie die Freiheit. Darum müssen wir alles tun, um diese falsche Alternative zu überwinden. Die Christen können sie aber nur überwinden, wenn sie wieder radikal werden und sich ernsthaft darauf besinnen, wem sie eigentlich glauben und wie ihre authentische Gotteserfahrung aussieht. Dafür müssen sie die Freiheitstraditionen der Bibel wieder entdecken.

Der »Gott Abrahams, Isaaks und Jakobs« ist kein Gott der Pharaonen, der Cäsaren und Sklavenhalter. Er ist der Gott, der sein Volk aus der Knechtschaft in die Freiheit geführt hat. »Ich bin der Herr, dein Gott, der ich dich aus Ägyptenland, aus dem Knechthaus, geführt habe«, sagt das erste Gebot, das alle anderen Gebote dieses Gottes begründet. Das ist eine Definition Gottes: Gott ist der Befreier. Gotteserfahrung ist darum Exoduserfahrung. Gott glauben, das heißt nichts anderes als seine Befreiung zu erleben. Das Volk Israel, das aus der Befreiung hervorgegangen ist, konnte darum Gottes Macht und die eigene Freiheit nur in einem Atemzuge nennen. In jedem Passahfest erlebt man neu, wie Gott aus Knechtschaft in die Freiheit führt. Die Alternative: »Gott *oder* Freiheit« klingt hier absurd. Das Gegenteil ist wahr: »Gott« – dieser Name verheißt Freiheit. Gott – das ist unsere reale Befreiung.

Auch Gott, der Vater Jesu Christi, von dem das Neue Testament und die christliche Kirche sprechen, ist kein Gott der Herrscher und der Sklavenhalter. Er ist der Vater, der seinen Sohn aus dem Tod am Kreuz auferweckt und in die Herrlichkeit seines Reiches führt. Er ist der Gott des Erniedrigten, Verlassenen, Zerschlagenen und von der römischen Besatzungsmacht im Namen der pax Romana und der römischen Götter Gekreuzigten. Wer ihm glaubt und ihm folgt, der verläßt die Götter der Macht, diese Idole der Unterdrückung und Erniedrigung. Gott ist »der, der Jesus von den Toten auferweckt hat«, heißt es im Neuen Testament. Das ist eine Definition Gottes: Gott ist der Befreier von der Macht des Todes. Seine Macht ist lebenschaffende Macht. Gotteserfahrung ist darum eine Erfahrung von Auferstehung. Diesem Gott glauben heißt nichts anderes, als aus Resignation und Unterdrückung aufzustehen und seine Freiheit zu ergreifen. Das Volk Christi, das in der Eucharistie den gekreuzigten Christus erinnert und auf das Reich der Freiheit hofft, erlebt darin seine unendliche Freiheit: »Wo der Geist des Herrn ist, da ist Freiheit.« Die Alternative: Gott *oder* Freiheit klingt auch für Christen absurd. Das Gegenteil ist wahr: Gott – dieser Name verheißt Freiheit auch von Sünde, auch vom Tod. Gott – das ist unsere unendliche Freiheit.

Im Zentrum der Traditionen des Alten Testaments steht der *Exodus* aus politischer Knechtschaft in die Freiheit des Volkes im Gelobten Land.

Im Zentrum der Traditionen des Neuen Testaments steht die *Auferstehung* des durch Kreuzigung – einer politischen Strafe für Aufrührer – hingerichteten Christus in das ewige Reich der Freiheit.

Warum stehen der Exodus und die Auferstehung nicht auch im Zentrum aller kirchlichen Traditionen des Christentums? Warum gleicht die göttliche Majestät, die in den Kirchen abgebildet und verehrt wird, mehr den irdischen Königen und Kaisern als dem gekreuzigten und auferstandenen Befreier des armen Volkes? Christen und Kirchen werden umdenken müssen, wenn sie den Geist verbreiten wollen, der Freiheit ist. Sie werden dafür zuerst den Geist überwinden müssen, der Angst verbreitet. Und die Angst wird überwunden durch befreiten Glauben.

II. Befreiter Glaube

Glaube wird bei uns oft nur als formelle Zustimmung zur Lehre der Kirche, ja oft sogar als »blinder Gehorsam« gegenüber den kirchlichen Geboten aufgefaßt. Befreiter Glaube aber ist Glaube, der uns persönlich ergreift. Die Wahrheit, die uns freimacht, ist die Wahrheit, der ich zustimme, weil ich sie verstehe, nicht weil ich dazu gezwungen wurde.

Dieser persönliche Glaube ist der Anfang einer Freiheit, die das eigene Leben erneuert und, wie es in der Bibel heißt, »die Welt überwindet«. Dieser

Glaube ist eine Erfahrung, die den nicht mehr verläßt, der sie einmal gemacht hat; die Befreiung von Angst zum Vertrauen; die Wiedergeburt zu einer lebendigen Hoffnung; die Ergriffenheit von der Liebe, die ihn ganz erfüllt. »Zur Freiheit hat euch Christus befreit«, sagt der Apostel Paulus (Gal. 5, 1), »darum laßt euch nicht wieder in das knechtische Joch einfangen.« Durch Glauben wird man nicht von einer Knechtschaft zu einer anderen »befreit«, wie es in der politischen Geschichte so oft geschehen ist. Hier wird man »zur Freiheit« befreit. Denn wo immer ein Mensch wahren Glauben ergreift, da erlebt er seine Auferstehung. Da atmet er die freie Luft einer unüberwindlichen Hoffnung. Darum steht er aus seinen Niederlagen wieder auf und bleibt nicht am Boden liegen. Er »erhebt sein Haupt«, wie es in der Bibel heißt. Er lernt »den aufrechten Gang«, wie *Ernst Bloch* sich ausdrückte. Von welcher Freiheit sprechen wir im Glauben?

Die Griechen verstanden die Freiheit als »Einordnung des einzelnen in die Polis« und als »Einordnung der Polis in den Weltzusammenhang«, denn der Weltzusammenhang ist beherrscht von göttlicher Vernunft und göttlichem Gesetz. Wer dem Göttlichen im Kosmos entspricht, der ist wahrhaftig frei. Für sie war Freiheit »Einsicht in die Notwendigkeit«.

In unserer modernen Welt verstehen viele die Freiheit als die unabhängige Verfügung des einzelnen Subjektes über sein eigenes Leben und sein Eigentum und als die souveräne Verfügung politischer Körperschaften, Völker oder Staaten über sich selbst und ihr Eigentum. Hier ist Freiheit Herrschaft.

Für den christlichen Glauben bedeutet Freiheit nicht »Einsicht in die Notwendigkeit« wie bei den Griechen. Für den christlichen Glauben bedeutet

Freiheit auch noch etwas anderes als die unabhängige und darin souveräne Verfügung über sich selbst und sein Eigentum. Wenn christlicher Glaube Vertrauen auf den Gott des Exodus des Volkes und der Auferstehung Christi ist, dann nimmt der Mensch durch Glauben teil an dieser Kraft der Befreiung und an dieser Macht der Auferstehung. Er nimmt durch seinen Glauben an der Schöpferkraft Gottes teil; nicht mehr und nicht weniger. »Alle Dinge sind möglich bei Gott«, sagt das Evangelium, und wer wollte widersprechen? »Alle Dinge sind möglich dem, der glaubt«, sagt das gleiche Evangelium, und das ist ungeheuerlich. Gott offenbart seine unerschöpfliche Möglichkeitsfülle im schöpferischen Akt der Auferweckung des toten Christus. Wer sich diesem Gott anvertraut, der nimmt durch den Geist selbst an den unerschöpften Möglichkeiten Gottes teil. Der Glaube führt zu einem neuen, schöpferischen Leben gerade dort, wo der Tod herrscht und Menschen alle Hoffnung fahren lassen. Glauben erweckt das Vertrauen auf die Fülle der Möglichkeiten. Glauben heißt darum, die Grenzen der Wirklichkeit zu überschreiten und im Projekt der Hoffnung zu leben.

Mit der Botschaft von dieser Freiheit hat das Christentum die antike Welt gewonnen: »Alles ist euer, es sei Welt oder Leben oder Tod, es sei Gegenwärtiges oder Zukünftiges, alles ist euer, ihr aber seid Christi, Christus aber ist Gottes« (1. Kor. 3, 22). Christus ist gekommen, um eine Bresche in unsere Begrenzungen zu schlagen. Der Tod, diese äußerste Grenze des Menschen, selbst der Tod wurde besiegt. Wo hatte man je von einer solchen Freiheit gehört? Mit dieser Freiheitsbotschaft begann die Geschichte der Freiheit in unserer Welt. Und Freiheit ist der Sinn jeder Geschichte und der ganzen Weltgeschichte. Befreiung ist darum die

Erfahrung und die bleibende Aufgabe des wahren, des authentischen Christentums.

III. Welche Freiheit suchen wir?

Viele Menschen, Politiker und Rebellen, Fromme und Atheisten, reden von Freiheit, aber sie meinen nicht dasselbe. Es ist offenbar auch nicht leicht, Freiheit zu definieren. Es gibt so viele Freiheiten: Es gibt Religionsfreiheit, Gewissensfreiheit, Gedankenfreiheit, Handlungsfreiheit, freie Marktwirtschaft, alkoholfreie Getränke, freie Liebe und vieles andere mehr, das wir »frei« nennen. Was also meinen wir mit »Freiheit«? Und was ist die wahre Freiheit?

Die erste Bestimmung, die wir aus der politischen Geschichte kennen, definiert *Freiheit als Herrschaft.* Weil alle bisherige Geschichte als ein andauernder Kampf um die Macht aufgefaßt werden kann, wird in diesem Kampf der »frei« genannt, der gewinnt und herrscht. Diejenigen, die verlieren, unterworfen und ausgebeutet werden, sind »unfrei«. Die sprachliche Geschichte des Wortes »Freiheit« beweist seine Herkunft aus der Sklavenhaltergesellschaft. Frei ist in einer solchen Gesellschaft nur der Herr, unfrei sind die Sklaven, die Frauen und die Kinder, über die er herrscht. Auch Paulus gebraucht diese Sprache, wenn er von jenen Konflikten spricht, die in der christlichen Gemeinde aufgehoben werden: Juden und Heiden, Männer und Frauen, Freie und Sklaven. Wer aber Freiheit als Herrschaft versteht, der kann nur auf Kosten anderer Menschen frei sein. Seine Freiheit bedeutet für andere Unterdrückung, sein Reichtum macht andere arm, seine Macht unterdrückt Sklaven, Frauen und Kinder. Darum haben die

Herren immer ein »Sicherheitsproblem« mit ihrer Freiheit.

Wer Freiheit als Herrschaft versteht, der kennt außer sich selbst eigentlich nur sein Eigentum. Andere Menschen als Personen kennt er nicht. Auch wenn wir sagen: Frei ist ein Mensch, der tun und lassen kann, was er will, verstehen wir Freiheit als Herrschaft, nämlich als Herrschaft des Menschen über sich selbst. Auch wenn wir sagen: Frei ist einer, der nicht von innerem oder äußerem Zwang bestimmt wird, verstehen wir Freiheit als Herrschaft: Jeder soll sein eigener König, sein eigener Herr, sein eigener Sklavenhalter sein. Wie sehr das Verständnis von Freiheit als Herrschaft aus der Männergesellschaft stammt, zeigt schon das Wort »Herr«-schaft. Darum wirkt es komisch, dies Wort auf die Frau zu übertragen. Wird eine Frau in diesem Sinne von Freiheit frei, dann ist sie »ihr eigener Herr« und »steht ihren Mann«.

Der bürgerliche Liberalismus, der in Westeuropa den fürstlichen Absolutismus und den Feudalismus abgelöst hat, blieb doch gleichwohl am Leitbild der Feudalherren orientiert. Jeder, der Menschenantlitz trägt, hat die gleichen Freiheitsrechte, sagen die Liberalen. Ihre Grenze hat diese Freiheit jedes einzelnen nur an der Freiheit des anderen. Wer seine eigene Freiheit in Anspruch nimmt, der muß die gleiche Freiheit des anderen respektieren. Das aber bedeutet, daß auch für den bürgerlichen Liberalismus Freiheit Herrschaft meint. Jeder Mensch findet im anderen Menschen einen Konkurrenten im Kampf um Macht und Besitz. Jeder Mensch ist für jeden anderen Menschen nur die Schranke seiner Freiheit. Jeder ist für sich selbst frei, aber keiner nimmt an dem anderen Anteil. Das ist im Idealfall eine Gesellschaft freier, aber einsamer Individuen. Keiner bestimmt den anderen, jeder bestimmt sich selbst. Freiheit ist dann wirklich allgemein geworden. Jeder Mensch hat ein Recht auf seine Freiheit. Aber ist das schon die wahre Freiheit?

Die andere Bestimmung, die wir aus der sozialen Geschichte kennen, definiert *Freiheit als Gemeinschaft*, nicht mehr als Herrschaft. Ich knüpfe an die letzten Bemerkungen zur Größe und zum Elend des bürgerlichen Liberalismus an, wenn ich sage: Die Wahrheit der Freiheit ist die Liebe. Erst in der Liebe kommt die menschliche Freiheit zu ihrer Wahrheit. Ich bin frei und fühle mich auch frei, wenn ich von anderen geachtet und anerkannt werde und wenn ich meinerseits andere achte und anerkenne. Ich werde wahrhaftig frei, wenn ich mein Leben für andere öffne und mit ihnen teile und wenn andere ihr Leben für mich öffnen und es mit mir teilen. Dann ist der andere Mensch nicht mehr die Schranke meiner Freiheit, sondern die Ergänzung meiner Freiheit. Aus seiner oder ihrer Freiheit und meiner Freiheit entsteht dann unsere Freiheit. In der gegenseitigen Teilnahme am Leben des anderen werden einzelne Menschen über die Grenzen ihrer Individualität hinaus frei. Das ist die soziale Seite der Freiheit. Wir nennen sie Liebe oder Solidarität. Wir erfahren darin die Vereinigung der vereinzelten Individuen.

Wir erfahren darin die Vereinigung der gewaltsam getrennten Dinge. »Divide et impera«, das ist die altbekannte Methode der Herrschaft. Solange Freiheit Herrschaft heißt, muß man alles trennen, isolieren, vereinzeln und unterscheiden, damit man es beherrschen kann. Wenn aber Freiheit Gemeinschaft heißt, dann erfährt man die Vereinigung aller getrennten Dinge. Die Entfremdung des Menschen vom Menschen, die Trennung der menschlichen Gesellschaft von der Natur, die Spaltung von

Seele und Körper, endlich die religiöse Angst werden aufgehoben, und wir erfahren Befreiung, wenn wir wieder eins werden miteinander, mit der Natur und mit Gott.

Freiheit als Gemeinschaft ist also eine Gegenbewegung zur Geschichte der Macht- und der Klassenkämpfe, in denen man Freiheit nur als Herrschaft auffassen konnte. In der Freiheit als Gemeinschaft ist nichts mehr nur Eigentum, mit dem man tun kann, was man will: Unterdrückte, Behinderte, Frauen und Kinder werden in ihrer Menschenwürde geachtet. Ihre Menschenrechte werden wiederhergestellt und erkämpft, wenn es sein muß. Auch die Natur wird nicht länger blindwütiger Ausbeutung unterworfen. Der zum Körper, den man hat, degradierte Leib wird wieder als die Existenz erfahren, die wir sind.

Unsere Sprachgeschichte beweist, daß dies die andere Wurzel für das Wort »Freiheit« ist: Wer frei ist, ist freundlich, geneigt, offen, erfreulich und liebend. Wir finden dieses Verständnis noch im Ausdruck »gastfrei«. Wer gastfrei ist, beherrscht keine Gäste, er ist auch nicht ohne Gäste; er ist zur Gemeinschaft mit Fremden fähig und wird ihr Freund.

Freiheit als Herrschaft zerstört Gemeinschaft. Als Herrschaft ist Freiheit in ihrer Unwahrheit.

Die Wahrheit der menschlichen Freiheit liegt in der Liebe. Sie führt zu unbehinderten, solidarischen und offenen Gemeinschaften. Nur diese Freiheit als Gemeinschaft ist in der Lage, die Wunden zu heilen, die Freiheit als Herrschaft geschlagen hat und noch schlägt.

Die Bestimmung der Freiheit durch christlichen Glauben führt noch über die Freiheit als Gemeinschaft hinaus. Wir haben den Glauben der Christen als Auferstehungshoffnung charakterisiert. Freiheit im Licht dieser Hoffnung ist die *schöpferische*

Leidenschaft für das Mögliche. Sie ist nicht wie die Herrschaft nur auf die vorhandenen Dinge gerichtet. Sie ist auch nicht wie die Liebe nur auf die Gemeinschaft der vorhandenen Menschen gerichtet. Sie ist auf die Zukunft ausgerichtet, denn die Zukunft ist ja das grenzenlose Reich der Möglichkeiten, während die Vergangenheit das begrenzte Reich der Wirklichkeit darstellt. Schöpferische Leidenschaft ist immer auf das Projekt der Zukunft ausgerichtet. Man will neue, ungeahnte Möglichkeiten verwirklichen. Darum streckt man sich mit Leidenschaft nach vorn aus. Mit ihr wird der Verstand zur produktiven Phantasie. Wir träumen den Traum vom neuen, vom heilen, vom endlich ganz lebendigen Leben. Wir erkunden die Möglichkeiten der Zukunft, um den Traum vom Leben zu verwirklichen. Diese Zukunftsdimension der Freiheit ist lange Zeit übersehen worden, weil man die Freiheit des christlichen Glaubens nicht als Teilnahme am schöpferischen Handeln Gottes verstand und weil eher Angst als Hoffnung die christliche Religion beherrschte. In Wahrheit aber ist Freiheit im Glauben diese neue Kreativität.

In der Perspektive der Hoffnung fällt noch einmal ein anderes Licht auf die Freiheit. Freiheit ist kein Besitz. Freiheit ist ein Geschehen. Wir erfahren Freiheit immer nur im Vorgang der Befreiung. Der Mensch hat seine Freiheit nur in der Geschichte seiner Befreiung. Er ist nie schon frei, aber er kann ständig frei werden. Was wir »Freiheit« nennen, das ist das Ergebnis der realen Befreiungen. Die Wirklichkeit der Freiheit gibt es erst im vollendeten »Reich der Freiheit«. Was wir hier in der Geschichte erfahren, sind Vorgänge, Prozesse, Ereignisse von Befreiung. Um mich bildlich auszudrücken: Wir haben hier in der Geschichte Freiheit nur im ständigen »Exodus« aus der Knechtschaft und im »langen Marsch« durch die Wüste, aber noch nicht im »Gelobten Land«. Darum ist »die Freiheit« das Ziel aller Befreiungen, nicht deren abstrakte Voraussetzung. Es ist besser, weil es realistisch ist, nach Befreiung zu fragen, als sich der Freiheit zu rühmen.

Daraus folgt, daß es in der Geschichte Freiheit immer nur im Kampf gibt. Geschichtliche Freiheit hat zwei Seiten. Sie ist lebendig in der Kategorie des »dennoch« und in der Kategorie des »um wieviel mehr«, wie *Paul Ricoeur* im Anschluß an meine »Theologie der Hoffnung« so treffend erklärt hat. Geschichtliche Freiheit besteht in Widerstand und Hoffnung.

Wem stellt sie ihren Widerstand entgegen? Christlicher Glaube ist im Kern Auferstehungsglaube, so sagten wir. Also widersetzt er sich mit Leidenschaft dem Tod. Die Hoffnung liebt das Leben, nicht den Tod. Denn erst das ganz dem Tod entrissene Leben ist das ganz lebendige Leben. Die Hoffnung kann sich mit nichts Geringerem zufriedengeben.

Aber welcher Tod ist hier gemeint? Der Tod ist nicht nur das natürliche Ende eines Menschenlebens. Der Tod ist auch eine persönliche, eine soziale und eine politische Macht mitten im Leben. Mit Todesdrohung werden Menschen terrorisiert. Mit Todesangst werden Menschen unterdrückt und ausgebeutet. Behinderte, Alte und Kranke werden in unserer Gesellschaft mit dem »sozialen Tod« bedroht, wenn die Gesunden alle Beziehungen zu ihnen abbrechen. Endlich gibt es viele Menschen, die sich dem Tod des Herzens ergeben haben und gefühllos und apathisch geworden sind. Ihnen ist alles egal. Sie sind erstarrt wie Leichen, obwohl sie noch da sind. Der Tod hat viele Gesichter. Freiheit im Licht der Hoffnung widersetzt sich der Angst, der Apathie, dem lauten Tod der Bomben und dem schleichenden Tod der Seelen. Es gibt so viele Formen von Sterben und Tod, die nicht sein müssen. Man kann sie überwinden, wenn man das Leben liebt und auf Auferstehung hofft.

Worauf richtet die Freiheit ihre Hoffnung? »Um wieviel mehr«, sagt der Apostel Paulus oft, wenn er nicht mehr von der »Freiheit von . . .«, sondern über die »Freiheit zu . . .« redet. Wieviel größer ist die Zukunft als die Vergangenheit! Wieviel größer ist Gottes Gnade als die Sünden der Menschen! Wieviel mehr ist die Freiheit in ihrer eigenen Welt als nur die Befreiung von Knechtschaft! Zwar fällt es uns in der Geschichte, die wir erfahren, leichter, das Negative zu nennen, von dem wir befreit werden wollen, als das Positive auszudrükken, zu dem wir frei zu werden hoffen. Aber es ist die Hoffnung auf die größere Zukunft, die uns in der Geschichte zu immer neuen Erfahrungen führt. Das ist der Überschuß der Hoffnung im Leben. Das ist der Mehrwert der Zukunft in der Geschichte.

Das Dennoch, mit dem die Hoffnung der Unterdrückung, dem Leiden und dem Tod widersteht, und Überschuß ihrer Zuversicht gehören zusammen. Der notwendige Widerstand muß in der Hoffnung begründet sein, wenn er keine bloße Reaktion sein soll. Und die Hoffnung muß uns in den notwendigen Widerstand gegen den Tod und diejenigen, die den Tod verbreiten, führen, wenn sie keine Illusion sein soll.

IV. Der Schrei aus der Tiefe

Ich habe über Freiheit gesprochen. Ich habe von dem befreienden Gott erzählt, der sein Volk aus der Sklaverei und seinen Sohn aus dem Tod in die ewige Freiheit geführt hat. Ich habe den wahren christlichen Glauben als die Erfahrung seiner großen Befreiung zum neuen, schöpferischen Leben beschrieben. Und zuletzt habe ich drei Begriffe von Freiheit gegeneinandergestellt: Freiheit als Herrschaft – Freiheit als Gemeinschaft – Freiheit als schöpferische Hoffnung. Ich wollte damit beweisen, daß die moderne europäische Alternative: »Gott *oder* Freiheit« falsch ist. Zwar haben die Kirchen viel Schuld auf sich geladen, als sie mit Gott und im Namen der Religion gegen die Freiheit des Menschen gekämpft und sich mit den Mächten der Unterdrückung verbündet haben. Dennoch ist der wahre christliche Glaube eine umfassende Freiheitserfahrung: *Gott – das ist unsere unendliche Freiheit!* Darum darf das Christentum nicht länger mit der Reaktion marschieren. Die Freiheit ist beim Atheismus nicht gut aufgehoben. Es kommt darauf an, daß alle, die in dieser schweren Zeit Hoffnung haben, einander erkennen und gemeinsam für die Befreiung des Volkes arbeiten. Ob einer religiös oder Atheist ist, wichtiger ist die Frage, ob er dem Tod mitten im Leben widersteht und auf das ewig lebendige Leben hofft.

Wer von der Freiheit reden will, der muß bei der Befreiung anfangen. Wer aber Befreiung will, der muß zuerst auf den Schrei aus der Tiefe hören. Aus dem Mund der Hungernden, der Gefangenen, der Zerstörten und Behinderten kommt der Schrei aus der Tiefe an unser Ohr und in unser Herz. Bei ihnen liegt auch der Schlüssel für unsere Freiheit. Solange sie nicht frei werden, sind auch wir nicht wirklich frei. Viele unter uns rüsten sich heute zur »Sicherung unserer Freiheit«. Die beste Sicherung der eigenen Freiheit aber ist die Befreiung der Menschen, die unter unserer Herrschaft und unserer Gleichgültigkeit leiden.

Jürgen Moltmann
Mensch

Christliche Anthropologie in den Konflikten der Gegenwart
Bibliothek Themen der Theologie, Bd. 11
3. Auflage (15.–16. Tsd.), 175 Seiten

»Die große Gefahr für Kirche und Theologie besteht heute darin, daß man entweder die Wahrheit des Evangeliums verteidigen will und damit in eine Abwehr gegen die böse Welt gerät, oder daß man sich ganz in die heutigen Nöte und Aufgaben hineinstellt und dabei aus dem Evangelium ein neues Gesetz macht. Moltmann vermeidet beide Abwege, weil er das Evangelium als die Frohe Botschaft für unsere Welt versteht und zugleich ganz in dieser Welt lebt. Seine umfassende Kenntnis der heutigen Probleme und der verschiedenen Versuche zu ihrer Bewältigung macht zusammen mit seiner klaren präzisen Sprache sein Buch zu einer hilfreichen Antwort auf die uns alle bedrängende Frage: Was ist der Mensch?«

Kirchenblatt für die reformierte Schweiz

Wolfgang Huber / Heinz Eduard Tödt
Menschenrechte

Perspektiven einer menschlichen Welt
2. Auflage (6.–7. Tsd.), 241 Seiten

»... Ein wichtiges Buch, weil es in einer kaum mehr überschaubaren Literatur und einer teilweise emotionalisierten Diskussion die notwendigen Informationen vermittelt und eine überzeugende Standortbestimmung für das Verhältnis Christentum/Theologie/Kirche zu den Menschenrechten anbietet.« *Deutsches Pfarrerblatt*

Kreuz Verlag